《众筹》众筹人名单（一）

李　阳　疯狂英语创始人
张宏艳　太极禅院发起人
曾　俊　中国招商落地第一人
董建良　广州龙建集团总经理
李东滨　道家武当隐派第 20 代传人
刘明瑞　职业化管理培训师
王　雪　服务营销管理培训师
陈炜松　梦想家教育集团董事局主席梦想学创始人
张　杰　华夏智库董事长
高千帆　深圳麦克琪企业管理咨询有限公司总经理
陆振李　琳峰古新家具厂董事长
柏美玉　深圳市宏阳天下文化贸易有限公司总经理
余大成　震古烁今投资控股集团全国渠道总监
潘立坤　康佳集团软件测试工程师
周　慧　深圳市宏阳天下文化贸易有限公司董事
陈　诚　建荣半导体深圳分公司工程师
贾祖萱　深圳市宏阳天下文化贸易有限公司董事
于正勇　深圳市宏阳天下文化贸易有限公司教学总监
李小桃　深圳市东方钱邦实业有限公司董事长
宋春梅　东莞市佼成塑胶五金有限公司总经理
黄文萱　易力声科技（深圳）有限公司执行总监
黎卫敏　深圳市金利得科技有限公司副总经理
王安野　深圳市盛和通科技有限公司卡友俱乐部创始人
王　博　东莞领先博世柴油系统服务站总经理
刘　静　深圳市宏阳天下文化贸易有限公司董事
毛周江　深圳市宏阳天下文化贸易有限公司执行董事
江　云　东莞市爱誉商贸有限公司董事长
马清华　深圳市深赛尔股份有限公司营销总监
李淑红　深圳市连通线材科技有限公司总经理
郭玉生　深圳市深赛尔股份有限公司家具营销总经理
崔恒武　浙江省平湖新华医院医学博士
陈小平　深圳全网时代科技有限公司总经理
刘作平　开能中央净水机总经理
方晓蓉　深圳聚库文化传媒有限公司总经理
巩赞华　深圳市华晨阳科技有限公司总经理
姚红缨　云南省昆明峰淼农业开发有限公司总经理
郭永亮　运城市泓扬广告装饰有限公司总经理
郑亚萍　福州金山友兰苑美容院
斐彤玥　广州莱帮信息科技有限公司

《众筹》众筹人名单（二）

朱光凤　沈美琪　李　霞　叶道钰　黎诚铭

蒋博涵　赵　亲　前海双辰联合科技有限公司

章加高　周　蓉　钱梅飞　海　阳　蔡新火

周小雅　肖玉祥　苏　珊　叶　文　林　琳

吴再传　周言强　樊迎旭　庞土英　何吉宏

蒋志平　邵玉虎　王　滨　王　青　邓兰英

吴　怡　张宝存　先思渊　马团结　吴成水

武宏远

扫一扫
加盟代理城市禅院

释延同太极禅院简介：

释延同太极禅院是一个跨界整合的资源共享平台，一个颠覆所有商业模式的模式，即将开启一个成就财富英雄的新时代！

释延同太极禅院是由畅销书《众筹》《微商》《太极资本》作者易太极创始人职勇创办，总院落地河南嵩山少林寺，占地100多亩，以孔子学院为榜样，传承中国太极禅修、国学、茶道、书法、素食、古典音乐等文化艺术瑰宝为己任，立足中国，走向世界，依托中国文化的影响力，孔子学院开到哪里，释延同太极禅院的事业就拓展到哪里！三年内以众筹的商业模式和垂直电商O2O管理平台快速在全国每个城市开设一家分院，总院参股，各级城市分院代理机制，一城一院，分级管理，众筹招募院长和股东，整合资源和资本，同享利润共同经营，开设38个赢利项目回报股东，3~5年内选择合适的板块上市。

禅院发起 腾飞的释延同太极禅院

疯狂英语李阳与易太极职勇少林寺皈依佛门师从方丈释永信——人民网报道

扫描二维码查看人民网报道

2014年7月26日，疯狂英语、疯狂汉语创始人李阳及国际易太极创始人职勇在千年古刹——河南登封少林寺皈依佛门，拜少林寺方丈释永信为师，赐李阳法名延依、赐职勇法名延同。

继李阳、职勇皈依佛门，师从少林寺方丈释永信后，首个文化产业项目释延同太极禅院落地河南嵩山少林，传承中华千年文化，弘扬振奋民族精神，实现产业报国的理想，复兴中华传统文化，把中国由世界第一文化大国建设成为世界第一文化强国！

扫一扫报名太极禅修班

《太极资本》众筹峰会——峰会介绍

众筹将改变21世纪商业生态，彻底颠覆传统的商业模式，您可能错过了下海，错过了炒股，错过了房地产，错过了互联网，**但你不能再错过移动互联网众筹时代，错过了众筹峰会您将错过一个伟大的时代！**

亲爱的朋友：

这是一个屌丝成就**财富英雄**的时代！

这是一个**跨界整合**的资源共享平台！

这是一次**众筹实战**操作模拟演练！

这是一个超低成本超高效的**孵化平台**！

这是一次跨界整合资源**共享**之举！

这是一个**颠覆**所有商业模式的模式！

这是一场用众筹颠覆和**改变世界**的革命！

这是一个改变世界**商业生态**的行动！

这是一扇通往**资本市场**的大门！

这是一个进入高端**资本人脉圈**商业契机！

扫一扫
报名参会或代理峰会

众筹教父简介——职勇（法名释延同）

- 太极众筹会会长
- 国际易太极创始人
- 释延同太极禅院院长
- 国际演说家联盟主席
- 嵩山少林太极禅修创始人
- 《太极资本》众筹峰会发起人
- 易和圆垂直移动O2O平台创始人
- 畅销书《众筹》《微商》《太极资本》作者

扫一扫与作者面对面

雷军说：站在台风口猪也能飞起来！
那么下一个台风口在哪里？

职勇说：众筹！

众筹拯救美国经济的最佳创新工具！

2012年，奥巴马签署了《创业企业扶助法》后，众筹在美国更是得到了飞速的发展，并最终拓展到了全世界。2012年秋天，众筹甚至成了欧美地区最火爆、最流行的一个词。有人甚至还说：**“众筹，拯救美国经济的最佳创新工具！”**难怪美国经济领先世界，得益于总是能创造新的商业模式。

我是疯狂英语创始人李阳，我向大家热烈推荐与我一同皈依嵩山少林释永信方丈的同门师兄弟职勇老师的2015贺岁新作《众筹》一书，这本书将改变21世纪的商业生态，彻底颠覆传统商业模式，参加《太极资本》众筹峰会你将会成为明日资本的最大赢家！

众 筹
定乾坤 赢天下

疯狂英语创始人：李阳

2014年11月19日，国务院总理李克强主持召开国务院常务会议，会议首次提出：**“要建立资本市场小额再融资快速机制，开展股权众筹融资试点。”**

众筹

职勇◎著

中国财富出版社

图书在版编目（CIP）数据

众筹／职勇著．—北京：中国财富出版社，2015.3

ISBN 978－7－5047－5585－8

Ⅰ.①众…　Ⅱ.①职…　Ⅲ.①融资模式—研究　Ⅳ.①F830.45

中国版本图书馆CIP数据核字（2015）第050001号

周建军

2015.5.12.

西安北站

策划编辑　范虹轶　　**责任印制**　方朋远

责任编辑　苏佳斌　姜莉君　　**责任校对**　梁　凡

出版发行　中国财富出版社

社　　址　北京市丰台区南四环西路188号5区20楼　　**邮政编码**　100070

电　　话　010－52227568（发行部）　010－52227588转307（总编室）

010－68589540（读者服务部）　010－52227588转305（质检部）

网　　址　http://www.cfpress.com.cn

经　　销　新华书店

印　　刷　北京京都六环印刷厂

书　　号　ISBN 978－7－5047－5585－8/F·2326

开　　本　710mm×1000mm　1/16　　**版　　次**　2015年3月第1版

印　　张　12.25　　**印　　次**　2015年3月第1次印刷

字　　数　159千字　　**定　　价**　39.80元

前 言

众筹崛起

在第三方支付、P2P（Peer to Peer，个人对个人）网贷之后，众筹作为新兴的互联网金融，也开始在国内迅速崛起。

从2013年开始，中国的众筹行业快速成长。可是，对大多数人来说，众筹还是一个很陌生的概念。众筹在形式上有三个特点：一是预售性，经过一段时间支持才能得到项目回报；二是排他性，只有特定时间点在众筹平台上才能买到特定产品或体验；三是有目标金额，每个梦想都有一定的成立条件。

众筹模式高度体现了互联网金融的特征：去中心化、点对点直接交易，大大节省了中小微企业的融资成本，鼓励了草根创业者，也开拓了投资新渠道。一直以来，融资难都是很多创业者面临的挑战。然而，随着众筹商业模式的兴起，越来越多的创业者有了新选择——到网上去融资！

理想很丰满，现实却很骨感！即使在众筹平台上发布了大量的项目，依然无法成功募资，许多项目只获得了部分资金，因而影响了项目进度。众筹项目的成功率为何会低于50%？一方面，众筹的概念需要普及推广，让更多的普通百姓参与众筹；另一方面，众筹还需要鉴定项目，让上传的项目更加真实、有效，让投资不打水漂。

如何才能做到这一点呢？为了帮大家解决这个问题，我们特意编写了本书。本书全面剖析了众筹市场的全貌，是一本指引众筹实践的工具书，接地气、实用、可操作性强，读者可以从零开始学习如何做“众筹”。

本书一共分为十章，不仅介绍了众筹的基本概况，包括众筹的发展史、众筹的基本类型、众筹的商业模式，还提出了众筹是模式的创新；不仅介绍了国内的众筹平台，还介绍了众筹项目的规划、发布与推广方法；不仅阐述了如何在社交网站上玩转众筹，还介绍了众筹的信用违约和法律援助；不仅介绍了玩众筹避开法律风险的方法，还介绍了未来众筹的多种玩法；不仅介绍了国内众筹发展案例，还选取了名家谈众筹的观点……内容丰富，语言平实，适合读者阅读。

如今，借助网络手段调动大众力量推动投资、创业、公益等，已经成为一种趋势。众筹模式可以让众多“草根”更多地介入到个人或机构的创业或实现梦想的过程中来，而不再只是消费者或旁观者。我相信，在目前国内的商业环境下，众筹模式必然会发展得越来越好！

作　者

2015 年 1 月

目 录

第一章

揭秘众筹：众筹是什么

众筹

众筹来袭：台风一来，猪都会飞

不知从什么时候开始，众筹受到了互联网和投资界的宠爱。有些人甚至还调侃说：“这年头，你要是没参加过几个众筹的项目，都不好意思在互联网圈混。”

那么，究竟什么是众筹呢？众筹有什么神奇之处？一句话，众筹是一个人实现梦想的最快途径之一。如果你是一个艺术家，想举办一场属于自己的画展，可是却缺少资金；如果你是一名导演，想拍摄一部属于自己的电影，可是却不认识投资人；如果你是一名创业者，想把自己关于某件事物的奇思妙想变成现实……所有的这些，都可以借助众筹来实现。

众筹的英文是“crowdfunding”，也就是“大众筹资”，中国香港叫“群众集资”，中国台湾称“群众募资”。简单地说，众筹就是网友一起为某个项目募集资金。

很多时候，众筹都被人们称为“天使的天使”。有创意的人可以在众筹平台发布项目，定个目标资金数，吆喝着感兴趣的“投资人”们过来赞助；有钱人则可以在这里挑选项目进行投资。如果双方看对了眼，实现了最初设定的资金目标，项目也就成功了一半。

在这个过程中，“投资人”可以依据众筹的四种形式来判断最终是获名、获利，还是获股份。

（1）债权类众筹

如果选择的是“债权类众筹”，最后不仅能收回当初投资的那部分钱，还能按比例收回利息。

（2）股权类众筹

如果选择的是“股权类众筹”，就相当于花钱买了公司的一部分股份。

（3）捐赠类众筹

如果选择的是“捐赠类众筹”，那么感谢你，你又为中国的慈善事业贡献了一份力量。

（4）回报类众筹

目前，在各个众筹网站上出现最多的是“回报类众筹”，如果你选择了“回报类众筹”，是不可能再拿回本金的，但你却有机会获得更多的东西，比如该产品的优先购买权；作为作者之一将自己的名字印到出版物上；在最终成功举行的画展上你成为“鸣谢”对象之一……这就不是要看你想要什么，而是要看对方能提供什么了。

回眸众筹：众筹的前世今生

其实，众筹并不是什么新鲜事物，其最早可以追溯至18世纪。当时，很多文艺作品都是依靠一种叫“订购”的方法来完成的。例如，莫扎特、贝多芬等为了筹集资金，都使用过这种方式：他们一般都会主动去找订购者，让这些订购者给他们提供资金，当作品完成后，订购者会获得一本写有他们名字的书，或是协奏曲的乐谱副本，还可以成为音乐会的首批听众。

可是，这种众筹既没有完整的体系，也没有对投资人的回报，不符合商业模式特征。众筹真正成为一种商业模式并开始风靡全球，是在十多年前的美国。

2012 年，奥巴马签署了《创业企业扶助法》后，众筹在美国更是得到了飞速的发展，并最终拓展到了全世界。2012 年秋天，众筹甚至成了欧美地区最火爆、最流行的一个词。有人甚至还说："众筹是拯救美国经济的最佳创新工具!"

众筹允许任何人为商业创新、生意机会乃至一项公益事业提供资金，使每个人都可能"有所作为"，这样就给社会发展注入了活力；同时，它允许社会各个阶层大力资助能够带动就业的新企业，同时还为这些企业提供了可筹措资金的新渠道。

不可否认，众筹的进一步发展离不开一批网站的创建和发展。通过这些众筹平台，网友可以为各种项目募集资金，例如，为计划出版新专辑的草根乐队筹集款项，为将赴危险的战争地带采访的记者筹集一笔款项等。捐款者获得的可能是一件艺术复制品、一张门票，或仅仅是帮助别人之后的愉快感。

众筹给热心人士和粉丝提供了一种表示支持之心的途径，尽管他们并不获得什么财务回报。可是，这一新颖的筹款形式迅速在美国和欧洲各地流行开来，并且从文艺领域扩大到商业领域，一批众筹网站如雨后春笋般冒了出来。越来越多的企业和个人逐渐参与到了众筹领域，希望找到互利共赢的机会。

当然，硬币都有两面，众筹也是如此。在《福布斯》杂志上刊登了一篇文章《众筹：即将到来的法律灾难》，文中预言：在不远的将来会出现"大量的"诈骗和破产诉讼。因为很多众筹投资者都是抱着

“快速发财”的心态来众筹的，忽视了投资项目应有的有效反馈机制，忽视了“每有一个社交网站站起，就有十个社交网站倒下”的事实。当投资失败时，大家都希望从倒下的集资公司尽可能挽回些损失，所以法律诉讼不可避免。

幸运的是，随着众筹这一新金融现象的兴起，相关的法律法规和监管体系也逐渐出台并且规范起来。

美国证券交易委员会（SEC）规定，众筹参与者的投资额有一个封顶值，视其个人收入与财产多少而定，这样人们就不会因为参与众筹而失去所有积蓄。

同时还规定，大笔的筹资项目只能面向合格投资人。所谓“合格投资人”，是指有着丰富投资经验并能够自负盈亏的专业人士，主要包括发行人关系人、财富净值100万美元以上或近两年年收入超过20万美元的个人、资产超过500万美元的机构投资者。目前，合格投资人需拥有净值资本100万美元以上，或者连续两年年收入超过20万美元，夫妻年收入必须不少于30万美元。

另外，市场方面也出台了很多相应的措施，出现了专门鉴别正规和诈骗公司的专业服务机构；同时，“众筹行业协会”和“众筹训练营”等机构相继出现。

其实，从古至今，传统银行业本质上就是众筹：由多数人出资来提供给少数人，只不过改换了中间人而已。从某种意义上来说，现在的众筹是将社会网络与“多数人资助少数人”的募资方式有机结合了起来，通过P2P或P2B（Person to Business，个人对企业）平台的协议机制来使不相识的人之间融资筹款成为可能。

众筹模式：众筹在中国的四种模式

众筹作为一种商业模式，符合企业价值创造的核心逻辑，即价值发现、价值匹配、价值获取。因此，在构建众筹商业模式时，要由项目发起人（筹资人）、公众（出资人）和中介机构（众筹平台）三个有机部分组成；并且通过众筹这种商业模式，筹资人、出资人和众筹平台都会获得价值的增加。

众筹平台有多种分类，最为流行的一共有四类：回报类众筹、债权类众筹、股权类众筹和捐赠类众筹。

1. 回报类众筹

投资者在前期对项目或公司进行投资，获得产品或服务（即我给你钱，你回报给我产品或服务）。目前，国内知名的回报类众筹平台有众筹网、追梦网。点名时间曾经是国内较大的回报类众筹平台，不过目前已经转向为智能硬件首发平台。

很多时候，有人会把回报类众筹和团购混为一谈，其实二者是有所不同的。回报类众筹是在产品和服务尚处于研发设计或者生产阶段时，就进行预售，目的是为了募集启动和运营资金；同时，也会在这个过程中收集一些早期用户的需求，对产品进行测试；回报类众筹面临着产品和服务不能如期交货的风险。而团购是指产品和服务进入了销售阶段，为了提高销售业绩，进行集体购买。由此可见，回报类众筹类似于“团购＋预售”的形式。

2. 股权类众筹

投资者对项目或公司进行投资，获得其一定比例的股权（即我给你钱，你给我公司股份）。目前，国内知名的股权类众筹平台有天使汇、大家投、原始会等。

3. 债权类众筹

投资者对项目或公司进行投资，获得一定比例的债权，未来可以获取利息收益并收回本金（即我给你钱，你之后还我本金和利息）。P2P借贷平台就是债权类众筹的典型形式。目前，国内知名的借贷平台有拍拍贷、人人贷、积木盒子、好贷网等。

4. 捐赠类众筹

投资者对项目或公司进行无偿捐赠（即我给你钱，你什么都不用给我）。捐赠类众筹实际就是做公益，通过众筹平台筹集善款，包括红十字会等非政府组织的在线捐款平台也仅仅是捐赠类众筹的雏形。

目前，知名的捐赠类众筹平台有微公益等。

不可否认，无论是哪一种众筹平台，在众筹这种商业模式中，筹资人、出资人和众筹平台都各自实现了增值。

（1）众筹平台的赢利模式

众筹平台直接的赢利模式是收取项目的佣金，比如，国外某众筹平台会在每笔成功的众筹融资中抽取5%的佣金。国内的众筹网站为了吸引好的项目，把市场做大，会采取免佣金模式，如点名时间、追梦网等都宣布免收佣金。免收佣金可以看成是众筹网站早期拓展市场的手段。

收取了项目的佣金，众筹平台就要对项目提供增值服务，并确保投资人资金的安全性。众筹平台一方面要招揽更多的项目，另一方面要对上线的众筹项目进行审核。众筹平台的主要功能有项目审核、平台搭建、营销推广、产品包装和销售渠道的搭建等。

在推出项目前，众筹平台要确保项目内容的完整性、可执行和有价值，确保没有违反项目的准则。一般情况下，众筹平台对每个募集项目都会设定一个筹款目标，如果没达到目标则众筹失败，钱款会重新打回投资人账户；有的平台也支持超额募集，项目筹资成功后要监督项目的顺利展开。

（2）筹资人的商业增值

对项目方来说，通过众筹方式进行募资，所获得的价值是显而易见的。在目前金融管制的大背景下，民间融资渠道不畅、融资成本较高等问题阻碍了微创业的发展，很多微小创业者融资需求迫切，想绕开中间商的盘剥，与大众投资人接触。

众筹是一种更大众化的融资方式，它为微创业者提供了成本更低的、更快捷的资金获取渠道。这种方式有着渠道扁平和“低门槛”的特点，项目发起人无论是什么身份、地位、职业、年龄、性别，只要有想法、有创造能力、有好项目，都可以发起众筹。筹资人通过众筹平台把大众的微小资金汇集，从而获得从事某项创业活动的资金。

这种方式突破了传统融资模式的束缚，不仅让依托众筹平台的微创业活动实现了“众人集资、集思广益、风险共担”的众筹理念，同时也积累了丰富的经验和人脉。项目发起人通过与项目参与人的互动也拉近了与用户之间的距离，不仅降低了产品的市场风险，而且也起到了不错的营销效果。

（3）投资人的商业价值

民间资本活跃，迫切需要出口。很多“草根”公众投资人希望有更多的机会参与个人或企业的创业过程，成为创业大潮中的参与者甚至主导者，而不只是旁观者。

众筹方式让每个人都有机会成为“天使投资人”。投资者通过不同的众筹平台和不同的众筹项目，不仅可以获取自己在产品、股权或者公益等方面的回报，也可以通过与项目发起人及其他项目参与人的互动，积累丰富的人脉。

游戏规则：玩转众筹的规则

在发起一个众筹项目前必须要弄清楚几个重要问题，了解众筹的相关流程，否则，众筹是很难成功的。即使暂时成功了，也会为将来埋下安全隐患。那么，发起众筹前，需要弄清楚哪几个问题呢？

1. 有关众筹的几个基本问题

（1）众筹的本质是什么

很多人认为，众筹就是简单的募集资金，把日常生活中的合伙甚至AA制也看作是众筹，其实这都是不正确的！众筹虽然离不开钱，但钱绝不是众筹的唯一要素，甚至在有些众筹中不是重要因素。从本质上来说，众筹是一种集资、众智和众包的行为。

（2）众筹的目标是什么

概括起来，众筹目标可以分为以下几类：

①筹集资金；

②验证产品、锁定客户；

③筹集公益和责任；

④筹集人脉和圈子。

（3）哪一种众筹模式适合你

根据众筹发起人给予参与人或投资人回报的类别，可以从以下五类众筹模式中选择：

①如果希望众筹的回报是股权，可以选择股权类众筹。筹集资金以付出股权作为对价。

②如果希望众筹的回报为金钱，可以选择债权类众筹。付出高于募集资金的资金作为对价。

③如果没有具体的回报方式，可以选择捐赠类众筹。

④如果希望以产品作为回报，可以选择回报类众筹。

⑤如果希望以圈子人脉资源作为回报，则可以选择圈子众筹。

其中，上述第一类、第二类具有金融属性和功能，是基于互联网而产生的，属于典型的互联网金融模式之一。

（4）众筹实施的路径是怎样的

根据众筹是否依靠第三方众筹平台，可以把众筹分为以下两类（见下表）：

众筹的类别

类型	定义	结构
平台式（线上）众筹	依靠独立的专门的众筹平台发起众筹	发起人—众筹平台—参与人（投资人）
非平台式（线下）众筹	依靠 SNS 社交平台自行发起众筹	发起人—社交平台—参与人（投资人）

（5）众筹合法吗

众筹与现行法律法规存在一定的冲突，不能简单地说众筹合不合法，应当具体问题具体分析。不碰触法律红线的众筹就是合法的；反之则是不合法的，并且存在非常大的法律风险。

2. 发起众筹的基本流程

第一，弄清楚发起众筹的目的是什么，不能为了众筹而众筹。

第二，根据众筹目的选择对应的众筹模式。比如，为了募集资金，则可以考虑做股权类众筹或者债权类众筹。

第三，根据众筹模式选择具体的众筹方式和路径。在确定了众筹模式后，要考虑选择什么样的众筹方式和路径，是选择运用第三方众筹平台做，还是自行利用社交平台发起众筹。如果选择运用众筹平台做，具体就要再选择该采用哪类平台和哪家平台做；如果自行发起众筹，还要分析究竟是利用哪家社交平台做。

第四，在确定上述因素后，一定要论证具体的众筹实施方案是否逾越了现行法律的红线。如果逾越了红线，就必须调整；同时，还要在此基础上制定出众筹的规则，使众筹在法律和规则下运行。

第五，为了避免发生争议，要在各个主体之间以及各个环节之间建立起法律关系，把具体的流程细化，把每一个细节都转化为法律问题，然后用一个个法律条款或法律文本固定下来，如此才能做到权责明晰，不存在模糊地带和歧义，有效避免不必要的争议。

3. 关于众筹的几个风险

众筹有风险，进入需谨慎！众筹风靡中国，但对其风险也要了解。

①项目方要加强对知识产权的保护。我国知识产权保护很弱，如果好项目过早地在众筹平台上募集，很容易被山寨，因此选择什么时间点在众筹平台发布也是有学问的。

②由于国内整体信用环境比较差，违约的成本很低，投资者存在

“被忽悠”的可能。在众筹平台上，如果项目发起方是陌生的，所提供的项目信息又不多，能否严格执行并遵守承诺，很多人会打个小小的问号。因此，很多投资者都会选择熟人或者朋友推荐的方法来参加众筹。

③众筹是面向公众的一种集资模式，要考虑一下，是否会踩到法律的红线?

第二章

颠覆传统：众筹创新融资新模式

众筹

众筹融资：撬动传统融资模式

不可否认，众筹的出现，和互联网时代的到来有着密切的关系。但这种新的金融业态之所以能够以最快的速度从美国传播到全球，在中国等新兴市场也大行其道，变成一个热门的关键词，其中一个很重要的因素就在于传统的金融体系具有相当的封闭性，融资流向表现出典型的“马太效应”——金融资源错配。

在众筹出现之前，中小企业和债务方一般都会利用民间融资渠道，需要付出很高的融资成本；而且，由于游离于金融监管体系之外，经常会受到政策法规的极大抑制。因此，在最近几年，一方面民间闲置资本总量不断累积，不断推高房价、艺术品价格等一切可以带来短平快投机利润的交易产品或项目的价格；另一方面，实体经济缺乏足够的资本支持，创业者通常很难获得正规金融渠道及民间融资渠道的青睐。

众筹是典型的互联网金融创新！互联网金融最直接的价值就在于渠道价值，借助大数据形成信用评价体系，促成供需双方直接对话并完成融资对接。包括众筹在内，互联网金融对传统金融交易规则、交易模式、中介游戏规则都带来了颠覆性的挑战，可以有效解决部分金融资源错配的问题。但众筹等新模式也引来了很多非议，因为其挑战的不仅是传统金融机构与业务，还包括现有的金融监管框架和理念，风险是很难控制的。

在美国，常见的众筹发行方式有私人发行公开募集众筹、州内众筹、注册式众筹等。2012 年，美国国会通过了《初创期企业推动法案》，正式将众筹融资合法化，明确了发行人基本信息披露义务，建立起了小额投资者保护机制，明确了众筹中介角色与职能。如今，美国已经建立起了对众筹融资的平衡监管，从强制注册和信息披露为重点转向设定投资者上限。2012 年，全球已有超过 100 万个众筹项目成功募集到了资金，增长率高达 81%，资金募集总额达 26.7 亿美元。

当然，众筹平台和项目运作最为成熟成功的地区，仍是北美和欧洲。众筹在中国的发展面临良好机遇，这就为解决金融资源错配难题提供了有效的途径。现在的问题就在于：

第一，现有的众筹项目同质化程度较高，绝大多数都是初级形态“粉丝经济”的项目变种；

第二，发起方一般都经验不足，发起方与参与者不仅存在盲目乐观情绪，而且普遍缺乏风险意识，公众金融风险意识薄弱；

第三，众筹项目平台缺乏风险控制能力，与金融监管部门、传统金融机构的联系不够紧密；

第四，金融等监管部门对众筹与非法集资的区别认识不到位。

因此，对于我国来说，在短期内出台专门的众筹立法或监管体系，难度较大。更可能的做法是，立法者和监管者采取中国特色的试错方式，允许深圳、上海等城市一地或多地开展这方面的实验。

众筹造梦：人人都是天使投资人

凯文·凯利在其著作《技术元素》中提出了“1000个铁杆粉丝”的设想：“创作者，如艺术家、摄影师、工匠、演员、设计师、视频制作者或者作家，换言之，也就是任何创作艺术作品的人只需拥有1000名铁杆粉丝便能糊口。”如今，众筹这种新兴的融资模式似乎已经将这个设想转换成了现实。

在国内，通过动画片《大鱼·海棠》和《十万个冷笑话》的众筹经历，众筹这种模式开始逐渐发展并被人所熟知。无论是硬件设备、电影制作，还是手工艺品，甚至是一个荒诞的点子，都可以放到众筹平台上，接受来自大众的资金支持。

在众筹平台上，创业者可以将他的创业梦想展现给众人，而每一个人都可以成为这个梦想的投资者。符合要求的项目发起人，只要将关于自己和关于项目的介绍提交到众筹平台上，并设置一定的项目目标，以及提供给支持者的回报，再通过众筹平台的审核，就可以上线开始发起众筹。当在设定期限内达到筹资目标时，就表明项目众筹成功，众筹平台随后就会把资金转给项目发起人，项目发起人也会按照约定给予支持人相应的回报。

概括起来，有四种项目最容易众筹成功：一是青年人或者大学生创业者的创业项目；二是通信、互联网、手机等创业项目；三是拥有自己知识产权、拥有专利的项目；四是简单明了的项目，由于投资者是非专业投资者，因此只有简单明了的项目才能够成功。

众筹平台“点名时间”对于众筹项目的成功关键有以下的描述：

周期为30天、目标金额合乎情理、支持者回报设置合理、有视频的项目等，有这些特点的项目更容易众筹成功。

1. 如何做才合法

由于受到相关法律环境的限制，目前，国内的众筹网站上所有项目都不能以股权或是资金作为回报。而在美国，已经于2012年通过了相关法案，允许创业公司通过众筹方式向一般公众进行股权融资。

可是，实物回报并不能够真正体现出众筹的价值。在未来的发展中，只有股权、债券回报才能够真正体现出众筹融资的价值。不过，这需要相关法律的完善和行业自身的自律。可以从建立众筹行业协会开始，进行行业自律，然后再一步步完善相关法律法规。

2. 众筹让产品既筹到了资金又赚了吆喝

除了一些高科技智能设备以外，众筹项目可谓是异彩纷呈。其中，两部动画片可谓是为众筹打响了头炮，《大鱼·海棠》和《十万个冷笑话》都是众筹平台上获得筹资上百万元的项目。

同时，有不少纪录片也在众筹平台上找到了投资者。比如，纪录片导演蒋能杰从2011年起，就在众筹平台上发起了3个项目，分别是“希望在行动”慈善项目、留守儿童纪录片之《初三》和抗战老兵系列纪录片拍摄计划，三个项目都成功完成众筹，分别筹资6140元、1.87万元和2.84万元。

当然，还有一些奇怪的点子在众筹网站上获得了众多人的支持，如开客栈、开书店、办刊物等。有一个项目很奇特——征集100款方便面的卸妆照。据说，项目发起人想寻找最实在的、表里如一的那碗面。最终，这个项目获得了71个人的支持，筹得了1450元。网站也因为反馈回来的各类意见赚了吆喝，扩大了影响力。

3. 众筹两年内将发展壮大

众筹是一种非常有意思的融资方式，尽管目前众筹在中国刚兴起不久，国人对众筹仍比较陌生，发展仍有很多不足。但是，2014 年下半年到 2015 年，笔者坚信，众筹必然会在国内发展壮大起来。

众筹这种方式起源于创业融资，因此，对于那些有好的项目却没有钱或者缺乏融资渠道的人来说，众筹是一个非常不错的融资方式。对于这些创业者而言，众筹的意义在于：第一，能够低成本获得资金；第二，众筹平台对于创业项目是一个很好的宣传推广平台；第三，创业项目可以通过众筹得到很多超出他们原来想象的支持，如市场、品牌，还可以找到一些志同道合的人更深入地支持项目，甚至参与到项目中。

股权众筹：众筹的高级梦想

自 2011 年以来，一大批众筹网站相继上线，包括“点名时间”“追梦网”“美微传媒”“天使汇”等，其中大多数都是提供项目众筹和产品众筹的创业企业。

天使汇是国内较为知名的股权众筹网站之一，成立于 2011 年 11 月，其起初的定位是早期项目的投融资对接平台。2013 年 1 月，天使汇推出了“快速合投”服务，即“快速团购优质创业公司股权”，正式转型股权众筹模式。

目前，国内有一定规模的股权众筹平台还包括“大家投”“原始会”“好投网”“人人投”“我爱创”等，总数已超过 15 家，并有多家平台正在筹备上线。

其实，传统的众筹一直处于进行时，如传统基金，向几个投资人（担任有限合伙人）募集一两个亿的资金，然后由发起人（担任一般合伙人）去管理这个基金；再如温州炒房团，大家把钱筹到一起，然后把这笔钱交给信任的人去管理，让他代表大家去买楼，等楼增值以后卖出，赚到的钱大家按投资比例进行分配。以上这两个例子都属于众筹的形态，只不过这种众筹属于线下众筹。

近几年随着互联网的发展，众筹被推到了线上。众筹平台的主要功能是融资，包括奖励、捐赠、股权、债权等多种模式：商品预售类项目的设计者会将产品作为奖励回馈给支持者；捐赠类众筹多为公益项目；债权众筹相当于线上的民间贷款业务；而股权众筹属于私募股权行业的新鲜事物，主要聚焦于种子期和天使期的投资项目。

存在即合理！股权众筹的兴起主要还是因为早期投资，特别是种子期和天使期的早期股权投资存在三大难题：一是不经济，二是投资困难，三是投后管理负担大。

过于早期或者规模过小的创新型企业或项目，如果完全通过线下渠道来融资孵化，需要投入很多的人力、财力、物力。按照种子期或天使期每个项目投资50万~150万元的常规标准，投资100个项目总共需要投出去1亿元左右，这个体量只相当于一个普通风险投资者在一两个项目上的投资，但投资团队至少需要10个人，并且至少投2年。因此，这类企业或项目是很难获得风险投资者的关注的。即使能获得关注，风险投资者可能也不太愿意分散精力去投去管。

另外，早期企业的收入和业务模式都不稳定，有的甚至只有一个产品原型。在项目的价值评估和创业团队的管理能力等方面，都非常考验投资人的眼光和能力，因此早期投资通常都很难大面积迅猛发展。早期基金大多有自己后续轮次的基金配合，可以对其中优秀的项目进行增持。

对于投资机构而言，股权众筹平台的出现提供了一个很好的发现项目的渠道。国外做得比较好的平台已经成为很多机构眼中优秀的项目渠道。

未来股权众筹在中国的演化，很有可能是走在美国已经出现的制度变革之路。美国的《创业企业融资法案》（即《JOBS 法案》），允许初创企业和风险投资基金在线上募资。如果中国也这样放开，股权众筹平台就可以完全公开合法地既为线上初创企业融资，又为线下风险投资基金募资。

股权众筹模式高度体现了去中心化、点对点直接交易等互联网金融的特征，如果运行顺利，必然会改善我国的天使投资环境，大大节省中小微企业的融资成本，开拓投资新渠道。

机遇与挑战：众筹在中国

俗语说得好："众人拾柴火焰高。"当"凑份子"形成一股力量时，很多人的创业及人生梦想就可能变成现实。资料显示，这个从美国引进的舶来品自 2011 年引进中国后就遍地发芽，2014 年 5 月，国内各众筹平台共募集资金总额约 2053. 67 万元。据世界银行预测，2025 年全球众筹市场规模将达到 3000 亿美元，中国市场将占到 500 亿美元。

继 P2P 网贷之后，众筹成为互联网金融领域里又一个中国式"野蛮生长"的样本。其实，对于大多数众筹平台来说，生存也非常不容易，一边是如火如荼的众筹热情，一边是尚未培育完整的众筹市场。在

“虚火”下，中国式众筹必须寻求转型，无论是沦为营销平台，还是众筹增值服务的现实压力，以及“险中求胜”的股权众筹，中国众筹依然要在挑战中接受市场的考验。

1. 一场为“梦想”而生的狂欢营销

为梦想埋单——无论是众筹网站的名字，还是筹资项目的推广口号，国内众筹总习惯用“梦想”来拉拢投资者。可是，在投资者的心目中，最易被撩动的是“艺术梦”——艺术从业者可以在众筹网站上创建一个账号，上传自己的艺术作品，包括歌曲、画作等，粉丝可以在社交网络上分享他们的信息，或者选择直接捐助来支持自己的偶像。

全球最大众筹平台 Kickstarter（众筹网站名称）主要是以艺术类、影视类、戏曲类等艺术产品为核心的，纵观目前国内众筹平台也可以发现，设计、音乐、影视项目的众筹成功率最高。比如，音乐众筹网站乐童音乐仅用了47天的时间，就完成了一个募资额102万元的黑胶唱机项目；《快乐男声》主题电影在20天内便成功在众筹网上筹得501万元，打破了中国电影众筹融资金额纪录，这让很多人看到了众筹“粉丝经济”的“钱途”。

可是，在很多业内人士看来，这类有强大线下粉丝为支撑的众筹项目是可遇不可求的，中国的众筹市场仍处于培育阶段，与国外的众筹氛围比起来，中国的大多风险投资人都缺乏专业知识；国外有很多人都愿意为陌生人的梦想埋单，与项目一起成长，而国内投资者一般都没有这样的耐心。

2013年，众筹网曾推行过一个大项目——给 inWatch（一款智能腕表）众筹，尽管这款智能表的生产技术在国内非常领先，还做了很多满足客户期望值的服务，如产品有一些瑕疵问题，商家愿意用各种态度去回报投资者。可是，当产品到了投资者手中时，还是遭到了一些人的投诉甚至质疑。由此可见，要让投资者纯粹为“梦想”埋单，显然不是一件易事！

目前，国内众筹业务尚处于试水阶段，主流的众筹平台规模小、分散，对大众的覆盖面和吸引力不足，相当多的众筹项目停留在概念阶段。最终达到百万规模的众筹额，很大一部分是以众筹网站投资的形式完成的，在国内真正从用户手上融到推动项目所需资金很难。因此，众筹平台也就成了很多产品曝光、项目推广和被大众认知的宣传平台。

2014 年世界杯开赛前的几个月，乐视网首个众筹项目 C 罗（克里斯蒂亚诺·罗纳尔多）代言上线。按照预想，如果该项目能在规定的期限内获得 1 万人支持，每人出资 1 元钱，项目即告成功，乐视网就会支付剩余的签约费，请 C 罗作为乐视网世界杯代言人。

这在很多业内人士看来是典型的众筹营销——1 万元根本不可能签下 C 罗，乐视网也并不差这 1 万元，然而乐视凭借此次众筹活动积累了 10 万粉丝，只花了乐视极少的宣传成本。

对于幻腾智能首席执行官来说，虽然京东众筹平台上筹得的 27000 元对于百万元的启动资金来说是杯水车薪，然而这是一桩非常划得来的“生意”。因为他们看中的是京东的渠道价值，也就是未来自己的产品可以在京东平台完成规模销售。

更多的众筹人都是名不见经传的初次创业者，其实并不知道自己的创业项目是否会有市场前景。而通过众筹，可以检验自己项目的含金量，因为支持者都是用真金白银投票的。如果项目最终能够获得很多人的支持，那么就没有理由不坚持下去；如果没有能够获得成功，或许这个创业项目只是自己的一厢情愿，就没必要付出更多了。

传统的产品营销都是在上市前先进行推广，类似于预售或团购，用户是被动接受的。而众筹只有资金募集达标了，项目才能用众筹方式运作，在这过程中，项目流产或者筹资到位，对于商家都是一个宝贵的市场经验；而筹资到位的项目在运作过程中，可以持续积攒潜在用户，这是一条较清晰的商业道路，适应很多小微项目的现状。

2. “泛众筹”下众筹平台如何突围

从表面上来看，中国众筹平台人气兴旺，然而在很多众筹平台当家人看来，尽管曾经为某个项目融到了很高的金额，但这种亮眼的成绩实际上是很难继续的，钱也一点都不好赚。

通常来说，众筹项目获得的资金有限，众筹平台从筹资额里获得的分成也很有限。项目筹资很少，发起者不愿意再给平台分成，导致众筹平台很难获得可观收入，这让很多众筹平台负责人甚为烦恼，于是一些平台便摒弃了佣金的掮客赢利模式，悄然走上了转型之路。

案例一：

2013 年 7 月点名时间开始实行零佣金制度，在 2014 年 4 月 19 日举行的点名时间“第三届 10×10 智能产品趋势大会”上，创始人张佑宣布：作为中国最大的众筹平台，点名时间将放弃众筹模式，成为智能硬件的首发平台，并严禁创业者在项目首发前向其他媒体曝光。张佑说，其年内目标是找到 2500～3000 家智能设备项目，其所扮演的角色为用户、智能硬件创业者、智能硬件渠道、投资者、互联网公司中间的纽带。但点名时间并不会把众筹的模式剔除掉，只把它当作公司众多链条上的一个环节。

案例二：

众筹网在继续推行科技、出版、设计等传统众筹项目时，走向了“众筹即服务”的模式，将为创业者提供从人力招聘到销售渠道再到资金融筹等一系列服务；同时，众筹网还成立另一个子品牌“原始会”，开始进入股权众筹这个敏感地带。

案例三：

曾经专注于微电影的涛梦网，也增加了微电影和新媒体电影的发行、拍摄计划服务。在做微电影众筹的同时，管理者发现了新媒体电影这种更具赢利模式的形式，公司的赢利点也从抽取众筹佣金，开始向经营、发行新媒体电影，收取营销、发行收入转变。

在美国，众筹平台只负责投资者和筹资人的信息对接，还能拿到不菲的佣金，对此很多国内众筹平台负责人表示心服口服。因为现在国内众筹平台上拿得出手的好项目少之又少，许多创业者做出的产品是模仿和追随国外的，其本身的思维灵活性和创造力还未被完全释放。而国外众筹项目的发起人往往都有了完整的创新想法和执行方案，只是缺乏资金。如此一来，国内那些拷贝的产品自然难以获得足够支持。

显然，众多国内创业者不仅仅是缺乏资金，他们更想众筹平台提供“物超所值”的落地服务，中国式众筹要走提供募资—投资—孵化—运营一站式综合众筹服务的模式。但是，众多国内众筹平台并不具备这个能力。国内众筹平台虽然发展比较快，但在项目审核、跟进、优化等方面配套不足。网站运营模式相近，同质化竞争严重，多数平台经营艰难。在这种现实情况下，要众筹平台开展“增值服务”是相当有挑战的。

其实，互联网三巨头 BAT（百度、阿里巴巴、腾讯）已经窥视众筹这块大蛋糕很长时间了，阿里巴巴和百度都已经陆续推出了众筹平台，期望在互动娱乐的市场中分得一杯羹，三巨头都有抢占“国内第一互联网众筹平台”之意。

2014 年 7 月 1 日，京东众筹平台“凑份子”正式上线，这也是京东金融的第五大业务板块，初期锁定在以智能硬件和文化领域为主的产品众筹上。可以预测，中国众筹平台将迎来“巨头”企业，这会让亿万用户知晓众筹并参与其中。

众筹风险：剑走刀锋下的隐忧

一边“泛众筹”化顺势而为，另一边以“原始会”为代表的股权众筹却成为各界关注的焦点，2014 年 5 月中国股权类众筹平台筹资金额约为 1112 万元。

> 28 岁的孟昭璐曾经拿着创业计划书到处寻找天使投资，可全吃了闭门羹，无奈之下，孟昭璐决定去新兴的股权众筹平台“大家投”试试运气，没想到不到短短的一个月，30 万元的启动资金轻松到手。

在传统风险投资模式下，创业者的融资渠道有限，往往处于相对弱势的地位，大多只有被选择权而无选择权。而在众筹的模式中，投融双方的地位相对平等，创业者可以根据自身对资金的需求程度适当出让股权，比例一般在5%～50%。

可是，尽管股权众筹看上去很美，然而它却是很多业内人士跃跃欲试又迟疑不前的雷区——2013年年初，美微传媒创办者通过淘宝账户叫卖原始股票，单位凭证1.2元，最低认购100单位，吸引了1000多人参与。但随后，便被证监会约谈，产品也被迫下架。

已经推出股权众筹的平台，犹如在刀锋上行走，一不小心就会跌入非法集资和非法发行股票的阵营。根据我国相关法律，向不特定对象发行证券累计超过200人，必须通过证监会或者国务院授权部门核准。如果违规，就会面临非法集资的罪名。

为了降低法律风险，股权众筹平台“天使汇”对个人投资者实行严格的审核制度，平台中个人投资者的比例只占1%左右。对于整个平台来说，个人投资者增加太多有很大的风险，“天使汇”一方面控制个人投资者数量，另一方面也规定一个项目的众筹投资人数不能超过30人。笔者相信，继第三方支付之后，股权众筹很有可能成为互联网金融中最早阳光化的业态。

股权众筹平台饱受质疑的另一点是，非专业投资人能否驾驭天使投资。目前，为了降低投资风险，股权众筹平台多在投资门槛上给予硬性规定，“原始会”对个人投资者的门槛是：净资产超过1000万元或年收入超过50万元，具备一定的投资经验。

在此基础上，每年的投资额不超过其净资产的10%，而“天使汇”也需要投资人具有投资经验，只有通过平台审核的1000多位专业投资人才能看到项目详情，平台并不向一般公众公开项目。简言之，一般人是难以成为股权众筹投资人的。所以，尽管目前股权众筹平台快速攀升，但是众筹成功项目并没有相应增加，“原始会”目前成功的项目有8个，“大家投”有13个。据了解，有些平台甚至至今都没有成功项目。

目前，股权众筹更大的问题在“退出机制”上。在过去，精英投资都是靠业内的规律，等到成熟期再退出。同时，机构投资也比较完善，有投后管理的人来保证对股东有合理回报。可是对于众筹来说，投后管理和退出机制这个链条还没有完全走通。

第三章

国内玩法：国内众筹有哪些平台和项目

众筹

生态众筹：众筹网

众筹网是中国先锋金融集团旗下的众筹网站，其立足于中国的国情和现状，走出了一条有“中国特色”的众筹之路，现已成为非常有影响力的众筹平台，其管理人员也大多是在互联网行业修炼多年的“白骨精”，其众筹项目主要致力于支持和激励有创新性、创造性、创意性的活动和项目。

除了为创业团队提供路演—筹资—投资—孵化—运营“一条龙”综合服务外，众筹网还以中国先锋金融集团的强大金融服务体系作为依托，对特定的行业提供增值服务。数据显示，众筹网于 2013 年 2 月上线，截至 2014 年 2 月共计发起众筹项目 365 个，参与人数累计达到 60423 人次，共计筹集资金超过 1. 8 亿元。

目前，众筹网提供包括智能硬件、娱乐演艺、影视图书、公益服务等十大频道，4000 多个项目，为客户提供更多选择、更低价格、更多创新的个性化定制产品和服务！这里还汇集了众多创新、有情怀的创业者，每一次投资都在帮助他们解决资金上的燃眉之急。

众筹网是目前国内最大的专业众筹平台，其标志是“众”字形，类似两个人红黑相间、互补互联，代表“众筹网是一家聚众人之力为众人服务的众筹平台”的理念。

1. 众筹模式

众筹网的基本众筹模式有捐赠模式和奖励模式（见下表）：

众筹网的基本众筹模式

模式	定义
捐赠模式	投资者对项目进行无偿捐赠，多用于公益众筹
奖励模式	投资者对项目进行投资，然后获得项目发起人提供的商品或相关服务

2. 涵盖领域

众筹网涵盖的领域包括科技、艺术、设计、音乐、影视、出版、动漫游戏、公益、公开课、农业十大频道及苏州站、河南站两个地方站，基本涵盖了众筹领域的各个方面。

众筹网的各项之最：

众筹项目最多，众筹金额最高——截至2014年9月30日，其共发布众筹项目超过4200个，协助融资超过4600万元，是专业众筹网站里面最多的。

众筹金额最高——《爱情保险》，累计众筹金额6270680元。

众筹速度最快——“《后宫·甄嬛传》画集”，上线5分钟即成功。

参与众筹人数最多——《2013快男电影》，共有39563人参与该项目众筹。

3. 众人眼里的众筹网

真正体验过众筹网，就会发现，原来真是生活无处不众筹。刚进入众筹网的时候，人们会觉得更像是一个团购，有些还是期货。仔细观察之后就会发现，这里确实是创业者的天堂。

在众筹网所有的众筹项目中，以设计和音乐的众筹成功率最高。创业的人都知道，一分钱难倒英雄汉，而这里就为那些有梦想、没银子的天才们提供了粉墨登场的舞台。

中国人是如何玩众筹网的项目的？概括起来，可以分为以下三类：

①创意、艺术类。众筹网在 2013 年就曾发起贵哦电影、演唱会众筹项目，获得了很多投资。

②创业、发明类。这类项目在众筹网受到追捧，成功率也比较高。

③个人梦想、公益类。一般来说，要有打动投资者的故事，才可能拿到更多的筹资。

众筹网的体验者通常都会有这样几点感触：项目要有好的创意、创新，符合市场需求，好玩、好看等，这些都是投资人选择你的理由；发布团队要有高涨的热情、远大的梦想和正确的价值观；可以通过更多的感情元素，而不是仅仅局限于物质回报；网站在项目审核、资金监管、后续服务等方面要有相关的配套，增加平台的安全感和信任度。

4. 金融特质的生态众筹网

与一般众筹平台的最大区别是，众筹网脱胎于金融集团，而不是普通的创业者。它的优势主要体现在战略层面和视野，而不是某垂直行业的小巧。因此，众筹网有着天生的成熟特质，它立足于平台，但又不满足于平台，战略布局纵横交错。

众筹网着眼于众筹产业链的生态建设，先后成立了众筹大学，投资了乐童音乐，并成立原创音乐基金，与口袋音乐达成战略合作并成立现场巡演基金，战略合作 V 电影并成立微电影产业基金，战略合作友成基金会推进公益，战略投资科技产业供应链等。

众筹网还谋求与百度、360、小米、海尔等大佬们的水平合作，将大量需要预售性质的极客思想、用户设计注入这些行业。

众筹网服务的垂直行业除文化类、科技硬件外，在各个方面都在进行探索：在体育方面，与乐视达成世界杯互动产品合作，强势打造“世界杯互联网生活体验季”；在新能源方面，与招商新能源集团旗下联合光伏，携手国电光伏，在众筹网以众筹方式在深圳前海新区开发太阳能电站项目……

众筹网以金融出发打造众筹生态链，在讲述动人故事的同时，还能找到最能赚钱的那些稳定垂直行业，其特质确实与众不同！

5. 众筹网的发展前景

不可否认，众筹网还处于起步阶段，需要拉动更多的创业者和投资者，赢得他们的信任。因此，众筹网大多数服务还是免费的，这也符合国内互联网产品“免费”的大环境。

同时，众筹网也在积极进行赢利模式的探索，赢利模式也许会因行业不同而不同。例如，在创业方面，众筹网可以提供平台服务，甚至成为孵化器，为创业者提供一整套的配套方案。相信在不久的将来，作为国内众筹平台中的佼佼者，随着经验的积累，众筹网的赢利模式和发展模式会越来越清晰，前景也会越来越广阔。

众筹网并不是中国最早一批成立的众筹网站之一，但是通过一系列的中国本土化的众筹实践微创新，众筹网却成了中国最具影响力的众筹平台。众筹网与快男电影的合作，不仅是国内互联网金融与商业娱乐的首次成功跨界联姻，而且还首次推出了众筹的“粉丝经济”模式。众筹网与电影、体育等商业娱乐的跨界合作，利用传统生态领域中已建立的粉丝基础为众筹平台提供了战略资源，同时也给商业娱乐产业扩展了多样化的融资模式。

众筹网的生态圈协同战略也是一种创新之举。众筹网整合与其相关的战略合作伙伴及服务供应商，相继上线众筹制造、开放平台、原始会等差异化产品；同时，对外实现了战略联盟合作。

在近几个月各类众筹平台纷纷上线的情况下，中国众筹产业市场必然会迎来最好的发展时机，同时也会进入激烈的竞争状态。

科技众筹：点名时间

点名时间是中国最早也是最深入了解智能硬件产业的专业平台。自2012年起，点名时间与北京、上海、杭州、深圳等地的硬件团队进行深度交流，并深入分析了国内外数千个智能产品在众筹平台、销售渠道的数据表现，通过线下“点名时间 10×10 大会”和大家分享，帮助硬件团队了解市场需求，掌握未来趋势，在业界已经建立起一定的口碑。

2014年起，每场超过2000人规模的“点名时间 10×10 大会”，已经成为智能硬件圈不能错过的重要大型会议。

点名时间的“智能新品限时预购”，包括两种含义：一种是专注做智能硬件的首发模式，定位更清晰；另一种是点名时间要做的是智能硬件的预售电商，要用“限时预购”这种模式打开“to B”（to Business，对企业）和“to C”（to Customer，对用户）两类人的心。

从“to B”上来说，点名时间向智能硬件的生产厂家推荐首发的模式。集合国内外线上线下累计1000多家渠道，还有点名时间500万名用户，做为期30天的采购预订。

从“to C”上来说，点名时间彻底抛弃“中国最大众筹平台”的光环，从 2014 年 7 月开始，点名时间旧有的回报型众筹被预售取代。在点名时间预售期间，渠道商家获得了 3 ~ 5 折的市场价；早期用户用 5 ~ 7 折抢先体验口碑扩散，所有参与预购的用户都变成了团队的粉丝。

1. 点名时间的价值

点名时间的主要价值就在于以下几点：

（1）创新产品的第一批铁杆粉丝

每一个新产品都需要第一批先驱者的试用。少了这群人，新产品就没有口碑，就无法在大众群体扩散。这群科技产品意见领袖都聚集在点名时间，因为他们最关注国内外最新的智能产品资讯。在点名时间发布产品可以快速地接触到这些意见领袖，让他们发现你的产品！

（2）获得市场反馈与测试

硬件不像软件，发现漏洞可以快速迭代，硬件一旦出货就得确保 100% 的正常运作。否则任何一个组件发生问题，都将面临客诉需要召回。

点名时间可以帮助硬件团队将公测版产品交给愿意协助测试给予意见反馈的专业用户。通过众筹模式，测试产品定位，看看大家是否需要；测试产品包装，看看用户是否理解；测试产品定价，看看大家是否埋单；测试产品使用情况，看看是否发现任何无法预期的问题。点名时间可以帮助用户在正式大批量生产之前，做最后的把关验证！

（3）快速对接全球销售渠道

点名时间已经和国内外超过 500 家销售渠道建立战略联盟，销售范围遍及美国、加拿大、澳大利亚、中国港台地区、俄罗斯、日本、欧洲以及东南亚地区。通过点名时间，硬件创业团队可以在最短的时间快速对接全世界的渠道，将产品推往全世界的市场！不仅会让用户看到你，还会让全世界的渠道找到你。

（4）获得国内外投资机构关注，解决后期资金需求

超过150个投资经理在点名时间寻找好的硬件团队！无论你是需要天使资金，还是A轮资金，国内外顶级投资机构都在这里！点名时间会帮你在最短的时间内让最多的投资机构认识你！

（5）获得代工供应链资源

点名时间与超过100家元器件采购及代工厂合作，可以帮助硬件团队挑选出最优质的厂家，解决硬件团队在寻找供应链上经验不足、找不到匹配的代工厂、无法及时生产交货等问题。

（6）全面的媒体资源

点名时间与近200家线上线下媒体记者合作，可以帮硬件团队与优质媒体对接！通过点名时间，硬件团队可以接触到最合适的媒体，进行采访曝光，让更多人看见你的好产品。

2. 团队人员

点名时间的团队成员主要包括：

（1）张佑

点名时间共同创始人兼首席执行官。1979年出生于中国台北，新浪网前50名创始员工，担任过雅虎用户界面设计师、新浪网产品总监、奥美广告业务总监等。致力于推动智能硬件的创新，帮助中国硬件团队的创新和推广。

（2）蔡啸

毕业于北京理工大学计算机系，性格直率，精力旺盛，喜欢玩摇滚。曾经担任过新浪搜索引擎软件工程师，创办过互联网广告技术服务

公司，之后从事多年面向欧洲市场的独立软件开发服务。项目管理、产品设计及开发经验丰富。

（3）蒋显斌

在斯坦福求学期间，蒋显斌与朋友共同创办了新浪网。2006 年，蒋显斌与友人建立华语纪录片制作平台 cnex（华人新世代）。2011 年，再度参与建立点名时间。

3. 网站理念

点名时间的理念是“支持创新的力量”！

如今，中国已经开始从代工走向创新的道路，国内并非没有创新力，只是在创新的过程中遇到太多问题和阻碍。作为中国智能硬件创新的推手，点名时间致力于帮助硬件团队降低创新的门槛，为他们整合多方资源，并快速地得到市场和渠道的认可，支持创新力量。

4. 运作模式

点名时间如何运作呢？

（1）提交项目

硬件团队通过点名时间官网提交项目内容，包含项目介绍、项目团队介绍、回报内容介绍等。

（2）审核项目

所有硬件产品都必须送抵点名时间办公室，在测试机抵达后 3 ~ 5 个工作日内，由点名时间进行严格的实际测试后，确认产品功能外观如实，才会通过上线。

（3）上线准备

审核通过之后，团队即可选择上线日期准备上线。部分有潜力的项目，点名时间将给予产品定位分析、文案策划和视觉设计等全方位的协助，帮助团队打造最好、最完美的首次亮相。

（4）项目上线

项目上线后，点名时间将协助硬件团队对接渠道、媒体、投资人及供应链等多方资源。

发布亮眼的硬件项目，将会吸引渠道商进行大量采购。经验显示：在点名时间上的一个支持者，等于渠道采购的100个订单。因此，点名时间能够帮助硬件团队有效评估未来量产上市的出货量，为未来正式渠道铺货做更好的准备。

5. 发展历史

2011年7月，网站上线，点名时间将众筹模式引入中国。网站创立初期，无论是出版、影视、音乐、设计、科技，甚至公益、个人行为的项目都可以在点名时间发布。

2012年年初，积累了半年的运营数据后，网站整体项目的支持率、转化率超过很多电商平台，项目筹集资金开始突破50万元，点名时间引起业界的关注，众筹模式开始在中国萌芽。

同年，点名时间开始深入智能硬件产业链之中，到上海、杭州、深圳实地深入市场与产业链中，了解创新产品的制造和创新过程中遇到的问题。

2013年年初开始，点名时间正式将重心和方向放在智能硬件领域，2013年年底不再接受非智能硬件类的项目。

2014年8月，点名时间宣布转型限时预售平台，未来将专注做智能硬件的首发模式，同时点名时间要做的是智能硬件的预售电商。

6. 大事记

2013 年 4 月，网络人气漫画家熊顿在点名时间发起“《滚蛋吧！肿瘤君》新书预售”，点名时间走进大众视野。

2013 年 6 月 29 日，点名时间首场线下活动“点名时间 10×10 智能消费品众筹创新大会”在北京举行，自此开启点名时间线下“10×10”系列活动。

2013 年 7 月 4 日，点名时间宣布，对项目实施零佣金。

2013 年 8 月 1 日，点名时间首个破百万项目《大鱼·海棠》筹资成功，同时以 158 万元的成绩拿下点名时间 2013 年单个项目最高筹资金额的桂冠。

2013 年 8 月 23 日，点名时间第二个破百万项目“十万个冷笑话”以 137 万元筹资成功，创下了点名时间单月收获两个破百万项目纪录。

2013 年 10 月 16 日，点名时间首个超级项目——一款智能手环正式上线。

2014 年 1 月 16 日，点名时间超级项目——一款智能水杯以 135 万元的众筹成绩，成为首个破百万的超级项目。

2014 年 2 月 25 日，点名时间正式宣布，联盟京东参与加速智能硬件创新的“JD＋计划”。

2014 年 2 月 26 日，点名时间最高筹资金额被一款智能插座以 175 万元刷新。

2014 年 3 月 14 日，点名时间“资讯”和“社区”单元上线。

2014 年 8 月，点名时间宣布转型智能硬件新品限时预购平台，进一步向电商平台靠拢。

7. 制定更适合国内的玩法

针对国内众筹项目的特点，在点名时间上的众筹项目设立了特定的众筹规则：点名时间网站上，对众筹项目目标金额设立的下限为1000元，上限不限。每个项目都有固定的目标金额和完成的截止时间。在项目完成之前，支持者的资金会预存到点名时间的支付宝账户里。如果众筹项目没有成功，支持者的预存资金还会被逐个退回各自的账户；如果成功，支持者就可以得到事先约定的回报，但是回报不能是现金、股票等。

如何使人与人之间建立足够的信任，支持别人、帮别人实现梦想？点名时间为此想了不少办法：

首先，对项目发起人和项目进行备案和审核。必须了解项目发起人的详细信息，项目文案的内容也必须合法、有吸引力、具有可操作性。

其次，给项目发起人设置一个目标金额和时间期限。这样，一个众筹项目的成功与否，就有了明确的判断标准。

最后，项目发起人许诺的回报不能是资金上的收益，不能是股权或债券，必须是实物或媒体内容。

这样，支持者的参与行为就不是投资，而是一种购买行为，也就从根本上规避了非法集资的嫌疑。

8. 开启智能硬件之旅

2013年7月4日，两周年纪念日，点名时间推动了三项重大革新：开放策略、0手续费、联合重量级企业一起全力支持中国创新。

（1）开放策略

点名时间选取老资历的支持者作为核心用户，赋予他们相关权力，让他们决定一个项目是否适合上线、是否适合上首页，还让他们参与项目的审核、沟通、推荐等。

（2）0 手续费

此前，点名时间会收取项目筹资金额的 10% 作为自己的佣金。点名时间把每一笔珍贵的资源交给辛苦的创业者。这样，点名时间就失去了一个收入来源，不过首席执行官张佑认为，佣金根本就不应该是众筹的主赢利模式，当前阶段如何让更多的好项目汇集到点名时间才是最重要的。

（3）联合重量级企业一起全力支持中国创新

点名时间希望能够与 100 家企业合作，每家企业资助 100 万元，获得 1 亿元的支持力量，以给中国的创业者关键的资金支持。目前，点名时间已与小米和视觉中国达成合作，这两家公司各资助 100 万元，共同支持国内创意产业的发展。2014 年 1 月，点名时间又获得了经纬中国、英特尔投资的数百万美元的投资。这在国内众筹行业是非常难得的。

目前，在点名时间平台上，项目的总成功率为 45%。而在 2013 年转向专门为智能硬件提供服务之后，点名时间的科技类项目成功率达到 80%，每个项目平均能够筹得 4 万元，最高一个项目的筹资额更是达到了 175 万元。

创业投资圈承载着无数人的梦想，而“点名时间”正在帮助他们把梦想变成现实。但是，点名时间的赢利模式和发展模式还处于摸索和逐步完善阶段。如果项目出资人能够变成企业，企业就可以利用自己的市场运作经验，以及其他方面的资源更好地帮助项目发起人，项目也更容易成功。这样，点名时间不仅可以赚到更多利润，也可以规避非法集资的政策风险。

公益众筹：马上互助

作为新兴的公益模式，公益众筹是有人叫好，有人落泪。因为公益众筹筹的不仅是钱，还有人。

作为一种新的思维模式，如何让别人为你的公益埋单呢？公益众筹如何在短时间汇集更多的人力财力呢？我们一起来看看公益众筹之六大成功要素。

1. 精准项目策划

作为公益项目，前期必须要有一个精准的项目策划，只有将公益项目策划好了，执行起来才更加方便快捷。而公益众筹是一个快速的过程，所以项目策划必须精准；同时，要懂得创新，千篇一律的公益项目是不可能成功的。

2. 高质量的图片或视频，真挚的文字

如果只是将公益项目拿出来让爱心人士来捐款，在很大程度上是无法受到网友青睐的。用真实的文字、图片或者视频去引导，在不知不觉中完成公益众筹。

3. 有趣或实惠的回报

很多时候，我们都会对回报有很大的兴趣，如果说在此次公益众筹之中，能够加入一些有趣或者实惠的回报，成功率可能会更大一些。

4. 发起人本身的影响力和发起人本身的故事

发起人也是很重要的！如果让明星转发一条微博，立刻就会有很多人去转发、回复。网友对发起人本身的信任会让公益众筹的成功率大大增加。

5. 打动最亲近的圈子，不要脱离群众的关注点

有些公益慈善项目策划是非常好的，执行力也有很好的保障，但是却不能抓住群众关注点，不能很好地解决社会问题，这样的公益项目注定是失败的。要想提高成功率，就不能脱离群众的关注点。

6. 发起人与用户有充分的交流

对于公益发起人来说，公益众筹是一个贴近公众的机会，有利于增强捐款者和募款者的互动，有助于公益项目与参与者形成更加紧密的关系。

营销众筹：乐视网签约 C 罗

众筹营销是乐视网自己开创的一种全新的营销模式。消费者发起产品的订购邀约，提出一些柔性需求给厂家，厂家在下单之时起，即可全程给出生产排期和产品追踪。在众筹营销中，用户可以明确地提出自己的需求，厂家就可以按照用户的需求来组织生产，真正靠订单驱动市场。

1. 乐视网向球迷筹 1 万元签 C 罗

2014 年 6 月，巴西世界杯即将开幕。球迷将迎来自己的盛大节日，各路商家纷纷盯上了这个难得的商机。2014 年 3 月 18 日，乐视网宣布与众筹网达成合作，将通过众筹平台对世界杯期间多个项目进行众筹，首个众筹项目 C 罗代言已经上线。

按照安排，如果该项目能在规定的期限内获得 1 万人支持，每人出资 1 元钱，项目即告成功，乐视网就会支付剩余签约费，请 C 罗作为乐视网世界杯代言人。

其实，大家都知道，1 万元根本签不下 C 罗，乐视网也不会差这 1 万元。只是借助最近很火的众筹，应用到营销上无疑是个很大的创新，赚到了眼球，起到了相对不错的效果。

鉴于众筹的回报只能以产品或服务等为主，如一本书、一张会员卡、一次与偶像聊天的机会等，乐视网此次的众筹营销，其支持者将可以享受到乐视网的会员服务。给予支持者服务回报的同时，乐视网又收获了会员和用户。可以说，用很低的成本投入，获得了相对不错的营销效果，这也是乐视网众筹营销创新的回报。

2. 乐视众筹营销的思考

乐视网的众筹营销收到了一定的效果，引起了一定的反响，但也招来了一些非议，出现了一些疑问。

第一，“1 万元签约 C 罗”这个噱头是否合适、是否为变相营销？

乐视网“1 万元签约 C 罗”的众筹营销，被一些人称为变相营销，招来非议。其实这也是受困于众筹设置的回报不能是金钱方面的，最好是实物或服务等方面的无奈之举，只是为了找到一个营销的切入点和宣传点。

第二，是否会透支用户，特别是“乐迷”对乐视的信任和情感？

“1 万元签约 C 罗”的活动，有用户反映参与感不是太强，体验度也不是太好，这可能会透支“乐迷”对乐视的信任和情感。移动互联网时代，粉丝就是企业的基础，任何一项活动都要考虑到粉丝的感受，也要在短期利益和长期发展之间取得平衡。

第三，作为一次创新的尝试，值得肯定。

众筹营销作为一次有益的尝试，是乐视网善于创新的体现，其创新行为和创新精神值得思考和学习。乐视网能够从视频网站竞争的红海中脱颖而出，依靠的正是其不断的商业模式创新。2012 年乐视凭借其在线上和线下资源的整合能力，力推低价策略导向的超级电视，选择订单驱动式供应，将电视机全流程直达用户，获得了很大的成功。

签约 C 罗的众筹活动，是尝到甜头之后的再一次尝试！在众筹平台上发起项目，不仅可以获得资金，还可以给发起者带来宣传效应、用户体验反馈等具有传统市场营销功能的价值，而这些往往更被大家所看重。在世界杯这一全球性事件的营销大战中，乐视网选择了众筹这一形式，本身就是一种营销手段的创新。在粉丝就是“上帝”的后营销年代，粉丝是互联网企业的基石，乐视粉丝在此次活动中增加了十多万，有效地积累了人气，增加了粉丝互动。

音乐众筹：乐童音乐

受美国众筹网站成功模式的激励，2011 年起，中国一下涌现出十几家众筹平台。2012 年 9 月，乐童音乐上线，可持续发展的赢利模式设计是乐童音乐的成功法宝。

在中国，大部分的众筹平台都是免费的，这种模式可以降低众筹这一新生事物的参与门槛，有助于提高项目发起人的积极性和建立平台的竞争优势，但这种免费模式制约了众筹平台的可持续发展。乐童音乐采用灵活的筹资模式，对筹资成交的项目收取一定比例的服务佣金，还可以采用预售模式和达标模式的自定义选择，这可以鼓励发起人设定合理的筹资目标以促进项目成功。

同时，乐童音乐专注垂直化和不断拓展衍生产品服务来建立差异化优势。众筹平台的核心本质是社交网络时代的小众化服务，在美国有近500家不同业务内容的众筹平台。乐童音乐定位垂直化，深耕艺术孵化产业，拓展战略联盟，延伸产业链条。如联合众筹网共同发起“原创音乐支持基金”，增加巡演和衍生产品服务模块，为音乐人提供更多的超值服务和资源嫁接，使乐童音乐从众筹服务基础上演变为更为完善的音乐人服务平台。

无论你是一个默默无名的独立音乐人，还是一个有万千粉丝的知名歌手，都可以在这里发起你的梦想，通过与乐迷的互动支持，给予支持者独特的回报，取得他们的支持，筹集资金，完成音乐梦想。

1. 音乐梦想照进现实的平台

乐童音乐是国内为数不多的音乐垂直类众筹网站之一。看到太多乐队、音乐人为梦想在苦苦坚持，作为资深乐迷，马客做出了他人看来很疯狂的举动——卖掉上创业公司，拿钱创办乐童音乐，为音乐人搭建一个互联网平台，整合一切可能需要的资源。

2013年12月25日，“音乐天堂全媒体”发布了“音乐天堂Solo（独奏）蓝牙音箱”，并通过乐童音乐提供的众筹平台接受预订获得启动资金。众人拾柴火焰高，项目上线仅 13 个小时即完成原定 38888 元的目标，历经 2 个月，共有 315 名支持者，“音乐天堂 Solo 蓝牙音箱”在乐童音乐平台上筹得 165062 元，以 425% 的高比例超募成功。

通过众筹预售的形式，“音乐天堂全媒体”不但筹集到了开发生产音箱所需要的资金，还将大批想帮助《音乐天堂》完成项目目标的老读者会聚在一起，为同一个梦想共同努力。音乐众筹，将热爱音乐的陌生群体会聚在一起，怀着对音乐的热情，完成一个个正在起步的音乐梦想。无论是项目发起人，还是项目支持者，大家齐心协力共同将一个梦想变为现实，这种共同创造的参与感是难以言喻的。

2. 众人助力实现音乐梦想

乐童音乐试图首先帮助音乐人培养 1000 个铁杆粉丝。2013 年 11 月 20 日，乐童音乐与众筹网合作的“原创音乐支持基金”启动。基金首期金额为 100 万元，用于支持原创音乐人发起音乐相关项目。乐童音乐和众筹网想以众筹概念跟音乐进行更多结合，让音乐人懂得如何跟他们的粉丝进行互动。

> “MC 小老虎”（说唱歌手赵宏的艺名）是国内较早尝试众筹项目的发起人之一。他的首张专辑制作费用有一部分来自众筹。他设定 1 个月的期限，金额 1 万元，只用了 4 天时间便筹集成功。当时，“MC 小老虎”用网络漂流瓶的方法跟粉丝进行互动，马客深感与粉丝的关系“不仅仅是做一张唱片卖给他们，而是每一步都和一些从未蒙面的朋友产生联系”。

这也是众筹的美妙之处——众筹不仅为音乐人筹集资金，在互联网时代也是有着共同梦想、共同期待的人与人之间的纽带。

糖蒜广播，是一家在民间广受欢迎的网络电台。为了让更多的糖蒜广播的支持者能够听到高品质的节目，体验到更好的服务，乐童音乐发起了为糖蒜广播客户端开发的筹款项目。

在筹款过程中，一位支持用户留言："我爱糖蒜，我怕它没了！"这句话很快得到了其他糖蒜粉丝的共鸣。有很多人在支持留言里留下了对糖蒜广播的热爱，短短3个月内，越来越多的支持者出现，一共筹集到10万余元，成功完成众筹目标。

这或许就是众筹的力量，为了一个人的梦想实现，很多人宁愿拿出自己的资金帮助他完成梦想，而每一个支持者从中也得到了发自内心的愉悦和帮助他人的幸福。

3. 用互联网思维改造音乐产业

从2012年9月乐童音乐内测上线，到2013年年初正式开放上线，一个默默无闻的新平台怎么开始第一单？马客从有一定群众基础的产品做起，先找了一批项目放上来。

作为中国最早利用众筹方式完成音乐产品的独立音乐人，李志与其团队在2013年年末两场演出结束后在乐童音乐发起的众筹项目——"2014李志数字版现场专辑《勾三搭四》募集"一经上线便引起了网友、歌迷和音乐从业者们的关注，更引发了一场"众筹无实体回报是否合理"的质疑和热烈讨论。

历经一个半月，该项目于2014年2月22日完成目标，最终得到2673人支持，以50800元的募集金额超额完成任务。李志与其团队表示："众人栽树，更多众人乘凉——这才是理想的众筹。"

但是，很多音乐人都缺乏商业运作的思想，也缺少相关资源。音乐众筹要做的就是背后的营销、策划和资源整合，借助互联网思维去改造音乐产业。

主题活动众筹：黑马运动会

熟悉互联网传播的人都知道，在互联网上点击率、关注度最高的新闻一般都是娱乐事件。而这个近乎铁律的情况，却在 2014 年 3 月 29 日被成功打破。

2014 年 2 月 24 日晚，创业家传媒通过微博号召发起了中国创业界的首个运动会。这次运动会被创业家传媒戏称为"史上最不靠谱的运动会"，吸引了包括任志强、蒋锡培、周鸿祎、姚劲波、王长田在内的一干大佬的参与，而众多读者、黑马营学员、黑马会会员的转发使得这则消息迅速升温成为当天的热门事件。

黑马运动会是创业家传媒依靠众筹模式，成功召开的创业界盛会。无论是领队、参赛队员，还是拉拉队、资金赞助，乃至比赛项目和规则都来源于创业家通过微博、微信等客户端发起的众筹。截至 2014 年 2 月 24 日晚上 12 点，已经有 2000 多人报名参加这次运动会，连国际车企克莱斯勒在新浪微博上都表示要赞助！

创业者出钱、出人、出点子把号称"史上最不靠谱的运动会"变成了一个创业界的盛世。是创业者们围绕黑马会，送干货、造氛围、助传播，才造就了如此高的关注度。这一切不仅揭示了众筹是目前变现粉丝经济的最佳模式，再次印证了众筹会在2014年快速崛起的预言，同时也向世人展现了新浪微博作为中国最好的众筹平台的事实。

这一事件不仅是一个行为艺术的华丽插曲，也不仅仅是一次运动会的成功传播案例，更喊出了创业者的自信、创业者的潜力、互联网思维的力量。只要团结在黑马会的周围，坚持商业规律，利用好平台资源，就没有做不到的事情。

附：

2014黑马运动会（众筹规则）

黑马运动会时间：3月28日—3月29日

黑马运动会主会场：北京航空航天大学体育馆

众筹说明

3000创业者规模的运动会在不到一个月的时间里，由不靠谱变为靠谱，简直是个奇迹，从团长，到副团长，到运动员，到队员，甚至到裁判和摄影，一步步走来，都是“众包、众筹、众享”实现的。而这个奇迹的制造者不是《创业家》，是参与每一步的创业者。

夏华代表团说要成为最时尚的代表团、姚劲波代表团的口号是“姚姚领先”……每个代表团都暗流涌动，屡出奇招。这正是创业者运动会的魅力所在，没人知道结果如何，创业者制造的惊喜不仅仅在改变每个行业，也在制造着中国最具互联网思维的运动会——黑马运动会。

爱黑马运动会也是爱自己，众筹的资金不用于组委会，不花费在29日晚上运动会主场及筹备上面，而是用于出资的每一个人，用在每个团自行组织的行业活动中。在这里，你将获得远超过投入的回报。

黑马运动会分为思想运动会和竞技运动会。在思想运动会上你将参与黑马按八大行业分类的春季论坛，其中有大佬分享，有项目路演，也有互相交流；在竞技运动会上，有拔河、赛跑等趣味运动。你将见证一个史上最跨界创业者嘉年华——黑马会会员嘉年华。如果你想到现场参加这次史上最热闹的创业者嘉年华，就来众筹表达你的爱吧！

众筹所得资金用途分为两部分：在众筹资金中每个代表团留12万元用于运动会“总奖金池”，剩余众筹资金汇给各个代表团指定财务官，自己支配用于代表团在黑马运动会期间集体餐饮、论坛会场间集体交通等费用。总之，取之于你，用之于你和你所爱的代表团。

一、众筹规则

1. 3月29日晚上运动会主场及筹备等承办成本由《创业家》黑马运动会组委会承担。

2. 每个团众筹资金应不少于30万元，其中12万元交付组委会奖金池，作为运动会奖金，剩余部分用作本团队运营经费，组委会将统一返回给各团指定账户。

3. 众筹额分为2档：500元，3000元。参与众筹的人员必须是创始人，如果发现不是创始人，组委会将核实后3天内退款，并取消众筹人相应参与运动会的资格。

4. 每团自行运营经费需承担28日晚上、29日上午及下午的各项活动的运营费用，包含场地、餐饮、会场布置、会议资料等费用。

5. 每个代表团超募（超过30万元）的资金，转为代表团所在行业分会后续活动经费。

6. 在众筹说明的规则及框架下，各团自行决定众筹运营方法，但收款和报名必须统一使用组委会给予的标准报名链接。

二、众筹爱的回报

1. 出资500元爱的回报

运动会期间的集体餐饮（28日晚、29日中午、29日晚三餐）、论坛会场间集体交通费用。

2. 出资3000元爱的回报

（1）黑马会会员一年会籍资格。

黑马会是中国最活跃的创始人组织，目前已有1000位各行业创业者会员。这是一个行业资源对接平台，行业趋势的交流平台。能够帮助你的机构和人都在这里，天使、风投、园区、大佬、媒体都在这里，这里有你成长所需的一切，就差你了。来吧！

备注：加入黑马会有什么好处？

◇一个带有编号的黑马会员号。

◇参加线上每月的黑马日——“师兄帮帮我”，几十位黑马大师兄提供最直接最便捷的答疑体验。

◇在黑马网主动建立户头，20位记者全雷达主动关注你公司动态。

◇不定期线上举办“黑马私奔会”、资源对接、投融资对接、私享会、私人董事会等。

◇作为主人翁，参加《创业家》年度年会及部分邀约的线下活动。

◇老牛的一次拥抱。

(2) 运动会期间的集体餐饮（28日晚、29日中午、29日晚三餐）、论坛会场间集体交通费用。

(3) 价值2000元的《创业家》杂志边栏广告机会1次。

三、竞赛奖金回报

1. 项目路演奖金回报

注：参加思想运动会项目路演赛的成员必须在本次运动会众筹活动中捐款3000元以上（含3000元）。

冠军奖金1名：15万元

亚军奖金1名：10万元

季军奖金1名：5万元

2. 体育竞技奖金回报

注：本项奖金由本团团长、副团长、执委与本团团员协商后决定用途。

冠军代表团1个：36万元

亚军代表团1个：20万元

季军代表团1个：10万元

备注：以上冠亚季军，如果出现并列，奖金平分。以上奖金均为税前。

3. 奖项荣誉回报

黑马运动会优胜参赛代表团的每一位创业者都将获得相应的金银铜牌，团队则获得冠亚季军奖杯。此外可能还有各种彩头回报！更多详情你来黑马运动会现场就知道啦！

注：为参加黑马运动会，所产生的个人住宿和交通及其他费用由个人自行承担。

（资料来源：《创业家》网站）

商学院众筹：快乐投资学院

快乐投资学院是由中关村股权投资协会发起的中国首家众筹商学院，旨在为中国投资行业培养优秀投资人。2014 年，学院招生 800 人。班级同学通过微信群保持实时互动，每月上课一次，在轻松愉快的学习氛围中，通过实战专家案例教学的方式，学习行业大师经验、积累人脉，快乐投资，打造投资人脉圈！

作为国内一线股权协会，快乐投资学院首倡“快乐投资”概念，以崭新理念培养新一代投资人精英，引领投资人抓住移动互联、海外并购、股权众筹等时代机遇迅速成长。从成立至今短短数月，快乐投资学院已经聚集来自红杉资本、软银中国资本等国内一、二线的多家投资机构的股权投资精英超过 400 人。

1. 课程介绍

（1）招生对象

投资总监以上级别及天使投资人（被学院董事推荐的其他优秀人员）。

（2）申请流程

提交班级入学申请表→接受面试→通过申请→加入班级微信群→颁发录取通知书 →入学完成！

（3）课程形式

每月一次课程，以晚宴、喝茶、咖啡形式邀请专家讲课，用案例剖析的方法，把问题讲透！具体上课时间与地点由班长确定。

（4）班级结构

小班授课，每班人数 10 人以内，学院为每班配备 1 名导师、1 名班主任。班长、学习委员、文娱委员等其他班委由同学选举产生。

（5）课程设置

专业必修课（财务实操、并购实操、法务实操、项目分析实操等）、行业选修课（企业管理、行业实操专家分享、行业趋势分析等）。

2. 机制

（1）免费

快乐投资学院不收任何学杂费和报名费。每次上课地点由各位同学轮流安排地方，上课地点一般都安排在茶馆、咖啡厅或者餐厅包间，以大家轮流请客形式分担上课地点经费开支。

所有上课讲师也均由中关村股权投资协会免费邀请并安排。具体班务工作由班长助理志愿者完成。由行业协会主办并建立在公益基础上的学院，能够实现汇集大量投资行业优质资源，促进投资人互相服务。

（2）行业协会的信任背书

此次活动是由国家级风投行业协会——中关村股权投资协会发起，能迅速查找每位参与者的行业背景和诚信记录；同时也对参与者在学院内的诚信行为进行监督。行业协会的信任背书迅速构建起学院内参与者的诚信文化。

（3）充分利用闲散时间

学院的班级建立在微信上，每月组织一次线下交流。班长只需在朋友圈和微信群转发本班招生微信即可完成招生宣传工作。其他班级成员的交流与经验分享大多利用闲散时间在微信群上完成。

（4）以班长为核心的圈子文化

学院的招生宣传、录取名额、班级管理、学习分享均由班长主导完成。每位班长都是有资深投资经验且乐于奉献的活跃分子。班长为本班付出得越多，本人也会越重视本班的建设工作，整个班级同学的人脉资源也就能与班长深度融合！

（5）专业的后勤服务团队

为确保以班长为核心的学院构架合理运行，学院精心为班长设立了高、中、低三个层次的服务体系。其中，最高层是导师服务，由协会出面给每班配备投资界权威人士做导师，提升本班层次和学习目标；中间层是班主任服务，由协会专职工作人员担任，主要为班长提供招生宣传微信资料制作、入学申请表整理、上课讲师对接安排等工作；基础层是班长助理服务，由协会对投资行业有浓厚兴趣的志愿者组成，主要为班长提供同学联系、上课时间与地点安排、整理课堂笔记等工作。

高、中、低三个层次的专业后勤服务使得班长拥有强有力的执行力！

（6）严格的班长筛选机制

学院设立了严格的班长筛选机制，具体申请流程为：加入班长报名群→填写班长申请表→协会审核班长资格→班长申请人在微信群进行自我介绍→微信评委投票表决→加入班长工作微信群→申请完成！

（7）充分竞争的助理上岗机制

助理需要经过填写申请表、微信面试、班长提问等环节，才能进入实习。每位班长在开班前最多可选择 2 人实习，实习期班长可随时休掉助理，助理也可随时抛弃班长。班长在第一次开课前确定最终人选。

（8）强大的讲师团队

讲师团队来自协会会员单位和专家顾问团队，如软银中国、信中利资本、红杉资本、同创伟业、创新工场、君联资本、百度、复星资本、腾讯等国内知名投资机构合伙人及高管。

3. “2014 年中国快乐投资论坛”的举行

2014 年 8 月 19 日，由中关村股权投资协会和快乐投资学院联合举办的“2014 年中国快乐投资论坛”在北京举行。

在会上，投资界资深人士共同讨论了“海外并购基金如何服务经济转型”“创始合伙人是怎样炼成的”“5 年后什么样的投资机构将会雄起”“风投如何回到价值投资的轨道”“互联网金融浪潮来袭投资人如何弄潮”“股权众筹将怎样影响中国风投行业”等热门主题。讨论紧紧围绕投资人的个人成长主线，同时穿插参会嘉宾的交流与分享，让与会者获益匪浅。

此外，同期举行的“快乐投资学院—快乐集团”专为本次论坛量身定制，在行业上划分并购、天使投资、文化创意、跨界融合、互联网金融和数字新媒体产业六大分团，让每位参会嘉宾都能与关注的投资方向投资人士组团交流，每个团都有资深的投资人带领。论坛结束后，快乐集团团员可继续在微信群上保持长久交流，学习行业大师经验，积累人脉，打造投资人脉圈。

股权众筹：天使汇

天使汇成立于2011年11月，是国内首家发布天使投资人众筹规则的平台。天使汇旨在发挥互联网高效、透明的优势，实现创业者和天使投资人的快速对接。

1. 平台价值

天使汇平台能帮到创业者什么？

（1）融资前的指导

天使汇平台的专业分析师团队会提出建议，协助你发现优势、表达优势，同时向创业团队提供商业计划书撰写、估值模型、财务预测、投资协议、融资谈判等各方面的指导。

（2）实现融资

天使汇平台入驻的国内外投资机构和投资人都经过严格考察，慎重选择邀请，专业而优秀。天使汇了解他们的需求，会把恰当的项目推荐给恰当的人。

此外，天使汇还会定期举办创投沙龙及推荐项目参加各种现场活动。通过多种手段，促成创业者和投资人约谈，在过程中给予各方面协助，力求实现快速融资。

(3) 宣传推广

通过天使汇审核的项目，可以得到专项报道的机会，快速走向市场，并为国际媒体所关注!

(4) 后续融资

天使汇为初创企业提供持续的融资支持，包括A轮及后续融资。

2. 发展历程

截至2013年10月，天使汇平台上总共完成了70个项目，2.5亿元的融资。在天使汇平台上注册的创业项目达到8000个，通过审核挂牌的企业超过1000家，创业者会员超过22000位。

2011年11月11日，天使汇经过2个月的内部测试正式上线。

2012年2月29日，证监会主席郭树清和北京市市长郭金龙参观天使汇网站。

2012年3月1日，天使汇经过5个月的打磨迭代发布了新版，在用户体验上大大提升。

2012年6月1日，根据用户的需求进行了投资人、项目页面改版升级。

2012年11月11日，天使汇网站上线1年，在这一年里面，通过天使汇平台完成融资的项目总共有48个，完成的融资额是8000万元。

……

作为中关村互联网金融的代表性企业，天使汇自2011年11月11日正式上线运营以来，通过认证的天使投资人达700余人，登记的创业者33000多个，登记的项目10000多个，被审核通过可进行信息披露的项目1200多个，完成融资的项目70多个。其中，14%的项目有创新发明意义，融资规模达2亿多元，逾八成项目的融资额在 100 万 ~500 万元，成为中国早期投资领域排名第一的投融资互联网平台。

其实，天使汇的成功之处很简单，就是能够用互联网思维来切实解决当下天使投资人和创业者的痛点，并致力于打造成为中国融资能力最强、融资效率最高、挂牌企业质量最好的网络平台，让靠谱的项目找到靠谱的钱，而天使众筹则是天使汇的秘密和武器。

相比传统的投融资方式，天使汇为创业者提供了一个更规范和方便的展示平台，并为创业者提供一站式的融资服务，尽量减少风投条款中不平等条款和陷阱合约，还帮助企业获得资金以外的战略资源，找到真正能帮助项目成长的天使投资人，实现创业项目的按需、快速、小额、多轮的融资。

对于投资人来说，选择天使众筹可以用更少的资金投入更多的感兴趣领域，达到分散风险的目的，并在合投跟投的过程中与优秀的创业团队和不同领域的优秀投资人共享经验、共同成长。

3. 激活天使

其实，在发达国家，天使投资是激励创新的重要力量，在美国就有 30 万左右的活跃天使投资人，而我国只有 1000 多位，与中国庞大的高净值人群相比不成比例。据统计，个人资产在 600 万元以上的中国人有 270 万。不过这并不是主要问题，而是目前我国的天使投资领域被一种被动和盲目的迷雾笼罩着，需要一股力量来激活更多的潜在天使投资人。

天使汇能够解决传统投资过程中的痛点和问题。国内创投的需求很旺盛，但由于信息不对称，信用体系、激励机制不完善等问题，需求没有被激活。天使汇等在线创投平台所做的，就是以互联网思维解决困境，激活天使投资市场。

首先，线上规模使得投融资信息公开、透明，提高了创业者和投资人的对接效率。

在天使汇平台上，商业计划书常见的问题可以在提交后供投资人反复阅读使用，不仅节省了线下沟通的成本，而且还让创业者不需要通过熟人介绍辗转联系，就可以获得上千位天使投资人的关注，并且不需要一遍一遍宣讲和回答重复的问题。

其次，能够提升资本的“智慧”程度，让专业的投资人找到专业的项目。

当投资人对所投的行业不了解时就会产生不信任感，有一位地方企业家谈道：“我特别想投资一些新科技创业公司，但是我不懂这个圈子，分不出哪个好，哪个有潜力。有朋友介绍给我一些项目，创业者也说得头头是道，可是我心里依然特别矛盾。如果说由圈内的人领投，或者和我合伙投，我会毫不犹豫地投钱，钱对我来说并不是什么问题。”

天使汇就学习了国外的经验，采取了“领投＋跟投”的机制，领头人专业背景相对深厚，可以为非专业投资人打消经验不足的顾虑，相对于跟投人，领头人虽然要承担更多的风险，但也能获得更多的收益。

再次，天使汇的服务功能和社交属性能帮助创投双方完善投融资能力。

如初次创业者普遍缺乏融资经验，很可能因此与投资失之交臂，天使汇平台则可以提供行业咨询、公司治理、企业估值等服务，创业者也可以求助平台上的其他成员，提高融资成功率。

最后，改善投资环境，激活“天使”。

众筹在中国的发展受到诚信体系不完善、激励机制不足等现实问题的制约，对此，天使汇平台采取了一系列措施，如采用实名制，采用小额、快速、多轮的融资方式，降低投资风险，并积累用户信用情况。

4. 创业保姆

其实，众筹最大的受益者是广大的中小微企业和创业者，股权众筹模式高度体现了互联网金融的特征：去中心化、点对点直接交易，如果运行顺利，必然会改善我国天使投资环境，大大节省中小微企业的融资成本，也开拓了投资新渠道。

在《新闻联播》中有一个典型的例子：

> 焦可是一个普通的上班族，他看准了未来的发展方向，为了自己的理想和亲朋好友东拼西凑了几万块钱来创业。两个月后，他在天使汇上拿到了上百万元的发展资金。

其实，焦可的例子在天使汇上有很多。

2014 年 1 月，天使汇创造性地推出“快速团购优质创业公司股权”的快速合投功能，上线仅仅 14 天就获得开门红，成功为创业项目 LavaRadio（一个环境音乐电台）募得 335 万元的资金，比预定融资目标 250 万元超出 34%。这是国内第一个在网络平台上众筹成功的项目，也是天使众筹完成的第一单，从而使天使汇升级为众筹融资平台。

资料显示，天使汇“快速合投”最快的项目仅用 40 分钟就融资到 100 万元，所有项目平均众筹融资时间是两周左右，融资最高的项目达 500 万元，最少的有 50 万元，平均一个项目的股东投资人数为 5 名。快速合投的精髓是领投人，领投人发挥定价作用，也会帮助项目完善商业计划书，确定跟投人。

快速合投这种方式更灵活、更有效，也非常有潜力，为国内广大中小企业和创业团队带来了一种全新的融资方式，大大降低了创业初期资金募集的门槛。它告诉创业者，没有钱不是问题，只要有靠谱的想法，有优质的团队，就可以获得融资。

天使汇作为一个创业服务平台，为创业者和投资人搭建了一个发现价值、创造价值的舞台，让人人都能够当天使，对创业者提供了很多有价值的融资服务，天使汇是敬业的创业保姆。

5. 超越梦想

天使汇并不只是一个简单的投融资平台，它能做到的还有很多。如今，天使汇正逐步实现全流程服务，包括法律架设、公司治理的信息化托管、在线工商快速变更系统、对接全球资本市场等。

天使汇的定位是以互联网为手段，为中小微企业提供全生命周期的金融服务，从天使轮到 A 轮的在线众筹股权融资，再到 B 轮到 C 轮的“股权 + 债权”融资服务，最后到 C 轮到 Pre - IPO（企业上市前）的股权转让服务和 IPO（首次公开募股）的转板服务。

由于天使汇的服务对象多数是初创者，融资成功后亟须成立公司，但对工商注册公司的手续和流程又不熟悉，即将上线的工商快速变更系统与天使汇的投融资平台融为一体，所有手续全部在互联网上解决，实现一站式服务，降低运营成本，提高办事效率。

此外，天使汇正在走向国际化，通过与美国同类平台的合作，连通全球资本市场，今后纳斯达克上的投资人都可以投资天使汇平台上的企业，中国的投资人也可以投资美国未上市的高科技公司，实现走出去和引进来。

中国公司全球化是未来的一个趋势，通过天使汇的互联网金融平台，初创企业从一开始就可以迅速建立全球市场。这是传统金融渠道所不具备的！

开店众筹：1898 咖啡馆

伴随着互联网金融日新月异的发展，众筹作为主流模式之一，正在全国各地如雨后春笋般呈现。众筹开店的运营模式在发展过程中备受争议。下面，我们就从介绍众筹开店概况入手，归纳整理当前众筹开店运营中的不同模式。

1. 众筹开店概述

众筹开店是指使用众筹方式帮助特许品牌连锁店扩展到全国社区，特许品牌店基于互联网渠道进行融资开店。

从投资者的角度，以众筹开店是否提供担保为依据，可以将众筹开店分为两大类：无担保的众筹开店和有担保的众筹开店。前者是指投资人在进行众筹投资的过程中没有第三方的公司提供相关权益问题的担保责任，目前国内基本上都是无担保的众筹开店；后者是指众筹开店项目在进行众筹的同时，有第三方公司提供相关权益的担保，这种担保是固定期限的担保责任。

2. 众筹开店的参与主体

众筹开店运营当中，主要参与主体包括筹资人、出资人和众筹平台三个组成部分，部分平台还专门指定有托管人（见下表）。

众筹开店的参与主体

参与主体	说明
筹资人	又称发起人，通常是指融资过程中需要资金的特许品牌连锁店或单店，他们通过众筹平台发布店铺融资信息以及投资者权益
出资人	往往是数量庞大的互联网用户群，他们利用在线支付等方式对自己觉得有投资价值的特许品牌连锁店进行小额投资。待筹资成功后，在店铺收益时可获得投资比例的收益分成
众筹平台	连接筹资人和出资人的媒介，其主要职责是利用网络技术支持，根据相关法律法规，将项目发起人的创意和融资需求信息发布在虚拟空间里，供投资人选择，并在筹资成功后负有一定的监督义务
托管人	为保证各出资人的资金安全，以及出资人资金切实用于店铺经营或项目开展和筹资不成功时及时返回，众筹平台一般都会指定专门银行担任托管人，履行资金托管职责

3. 众筹开店的运作流程

众筹开店通常要经历这样一个流程：

第一步，特许品牌连锁店项目发起人向众筹平台提交店铺运营策划或商业计划书，并设定拟筹资金额、可提供的收益分成比例和筹款的截止日期。

第二步，众筹平台对筹资人提交的店铺运营策划或商业计划书进行审核，但不限于真实性、完整性、可执行性以及投资价值。

第三步，众筹平台审核通过后，在网络上发布相应的项目信息和融资信息。

第四步，对该品牌连锁店或单店感兴趣的个人或团队，可以在目标期限内承诺或交付一定数量的资金。

第五步，截至目标期限，筹资成功的，出资人与筹资人签订相关协议；筹资不成功的，资金退回给各出资人。

4. 众筹开店运营的不同模式

当下，根据我国特定的法律、法规和政策，众筹开店根据运营模式的不同可分为凭证式、会籍式和天使式三大类。

（1）凭证式众筹

凭证式众筹主要是指在互联网通过卖凭证和店铺运营状况捆绑的形式来进行募资，出资人付出资金取得相关凭证，该凭证又直接与特许品牌连锁店的经营收益挂钩，但投资者不直接成为店铺管理者。需要说明的是，国内目前还没有专门做凭证式众筹的平台。

（2）会籍式众筹

会籍式众筹主要是指在互联网上通过熟人介绍，出资人付出资金，直接成为被投资店铺的管理者之一。国内最著名的例子是3W咖啡。

（3）天使式众筹

与凭证式、会籍式众筹不同，天使式众筹更接近天使投资或风投的模式，出资人通过互联网寻找投资企业或项目，付出资金直接或间接成为该公司的股东，同时出资人往往伴有明确的财务回报要求。

确切地说，天使式众筹应该是众筹开店模式的典型代表，它与现实生活中的天使投资、风投除了募资环节通过互联网完成外，基本没多大区别。但是互联网给诸多潜在的出资人提供了投资机会，再加上对出资人几乎不设门槛，所以这种模式又有“全民天使”之称。

5. 众筹开店举例

现在，我们就用一个例子来说明如何通过众筹开一家实体咖啡馆。

（1）正确选址

选址要注重交通便利，靠近地铁，位置偏一点没关系；停车场要足够大，最好借用免费的公共停车场资源。不选门面房，租金不能太高，否则经营压力大，总担心赔钱，背离开咖啡馆的初心。

（2）做一个圈子

咖啡馆不能光靠卖咖啡挣钱，而是要经营圈子。要有不挣小钱、挣大钱的觉悟。一个圈子或协会的价值分两种：一种是实的价值，直接促进生意成交；另一种是虚的价值，包括认识朋友、扩展人脉、宣传、发文章、参观了解等价值。能不能创造实的价值，决定了是求别人给钱还是别人求着给钱。务实的圈子才会有人埋单，可持续生长。

（3）筹集一定的资金

筹集总金额不能少，一般应是一年运营成本的5倍，储备资金多就不用在头两年过于在意盈亏，扛过风险最大的早期阶段。

筹到的多出来的钱可以委托给投资机构去理财，用理财年收益来平衡咖啡馆的经营成本，重点是让它活得更久。钱少的话，万一前期经营不好，开一年钱花没了，中间再筹钱会很困难。

（4）设定股东结构

众筹股东中，需要有一些影响力大的人物做幌子，吸引其他股东跟进。咖啡馆本身不能给这些人提供多少价值，他们处于施予者地位，别人之所以会过来主要是为了从他们身上获取社会资源。

要将股东结构搭好，有压轴的，有做托的，有干活的……其中，主要为圈子贡献活力的股东要占70%，他们是资源需求和供给都比较旺盛的核心人群，互相创造价值做成生意的概率较大。

行业尽可能多元化，通过利益结构设计，增大生意成交的必然性。把只索取不贡献甚至造成骚扰或附加值的中介类机构，如做销售、卖保险、律师、财务顾问等股东人数降到最低。

（5）进行预期管理

落到每位众筹股东身上的金额不能过高、不宜过低，数字最好接近敏感点。

返赠等值金额的股东消费卡，3 年有效期余额不退还，不给任何经营预期或承诺。

众筹的核心是管理好期望。在预期管理上，传递给股东的是 60 分，对自己要求做到 80 分，对全职管理团队的要求要设定 100 分标准。

咖啡馆本身挣不到什么钱，但要为股东做好增值服务，帮他们创造接业务的机会，提升咖啡馆的附加值。

在咖啡馆里植入隐性广告，设置大屏幕媒体，鼓励股东提供物品赞助。

（6）股东征募

熟人众筹不要大张旗鼓地去做，否则没有神秘感和凝聚力，要找好目标，一个一个地去聊，逐个击破。利用好微信工具，不转发，发原创。选什么样的股东参与很重要，态度要强势，不要和太磨叽的人打交道。

要有梯次有计划地发展股东，如第一批每人 3 万，第二批每人 5 万，第三批每人 10 万，逐步提高门槛，前期股东扛较大风险会容易接受，后来者也会理解。

不做书面方案，落到纸上的东西会变成束缚，再完美的方案也有漏洞，容易变成众人批评的靶子，当一再去修改方案时间就花在务虚上，降低了效率。不如提一个想法让目标股东参与互动研讨，集中智慧完善思路的过程就是营销的过程，思路成熟了股东也就选出来了。

第一批股东一定要发展好，后面引入第二批股东就可以采用推荐制。法律上，股东人数要在200人以内。定期管理股东名单，把互相不能创造价值、互动也不好的股东，通过执委会投票和私下沟通清理出去。要想做成一件事，第一要善于求人，第二要敢得罪人。

（7）选择管理模式

设计一个模式，让咖啡馆永远不倒闭。发起人可以消失，如果亏损了就补充新股东进来。发起人消失得越远，圈子越有活力。牵头人要做雪球的核，把前期工作做扎实，搭好团队。

牵头人不一定是一个人，可以是2~3个没有业务竞争关系，性格、能力、资源等各方面互补的。牵头人要轻松，不要有负担。

要懂得保护自己，发起人不直接经手钱，选7~11位执委会，股权平均分配；3~5位股东代持，负责财务的执委由执委会推选出来，人品好，靠得住。

执委会有决策缓冲作用，要选有威信能镇得住场子的。人多了，决策效率会低，结果一定是个中庸安全的方案，但好过被其他股东出卖的风险。

（8）定义游戏

参与感很重要，要调动股东出力，投入时间精力越多，对咖啡馆就越有感情。对于身价越高、社会价值越大的股东，出一点小钱，对他们来说根本就不在乎，全赔了也无所谓。所以，要让他们投入精力进来，从感情上重视。

敢于折腾大牌股东，设定一个他们愿意响应的游戏规则，1898咖啡馆的每位众筹股东（联合创始人）一年至少到店里来值一天班，至少贡献一场活动。参与的人一多，可以吸纳更多人才资源，管理起来也省心。

（9）品牌运营

定位起点要高，口号要响亮、有号召力、独一无二，努力成为细分领域的第一名。把实体店（或圈子）人气指数、体验环节、口碑营销做好，让股东们有归属感、荣誉感，满足他的面子和虚荣，出去的时候可以炫耀：我是××的股东。

媒体访问的时候发起人最好自己出面，可以把事情挖掘得更深入一些，了解所有过程讲起来生动。平时发起人姿态要放低，该退则退，该隐则隐，不以“带头大哥”自居。

第四章

项目规划：众筹项目的规划、发布与推广

众筹

做好规划：如何规划众筹项目

当众筹已成为计划的主要部分时，能否成功获得众筹，却没有一个确切的答案。如果你正在试图采取众筹手段，一定要提前做好众筹项目的规划。

项目规划是预测未来确定要达到的目标，可能会碰到的问题，并提出实现目标、解决问题的有效方案、方针、措施和手段的过程，具体来说，主要包括以下内容。

1. 选择一个有说服力的话题

众筹活动需要时间和宣传，因此更需要选择突发新闻，或秘密性质的调查性报道。既然要很多人来支持你的项目，就要让自己的项目涉及更广泛的地理范围，如此才能吸引到资金。

美国一家众筹网站的创始人大卫·科恩说过："只有对故事感兴趣的人才会有兴趣对其投入资金。如果故事主题和加利福尼亚的斯托克顿市有关，我假设预期吸引的人数为 30 万。如果你将主题定为斯托克顿市，那只有关注该市的人才会对该项目有兴趣。如果你把报道重点定为加利福尼亚，与吸引关注斯托克顿市的人群相比，吸引同样数量关注加利福尼亚的人群要简单得多。"

事实证明，选择具有吸引力的话题会达到更好的效果，因为关注环境问题的人比关注某一个城市的要多得多。

2. 考虑观众群体特征

要考虑你想吸引哪部分观众，为他们做专业的众筹网站。即使一家众筹网站有着庞大的观众群体，但它关注的项目类型太多，包括音乐、电影、时尚等。专业的众筹网站找到的支持者数量可能不多，但却可能更适合你的项目。

3. 读懂各网站的条文

在做众筹项目规划的时候，要针对各大网站如何管理筹集到的资金展开调查。比如，你可能会满载而归，也可能一无所获——如果你没达到既定目标，你将不会受到任何资助；允许你接受筹集到的任何数量的款项，并可以选择接受或拒绝。

“全有或全无”的方式使项目创造者不会将不能吸引足够资金的项目传到网上。

4. 将费用及其他花费纳入项目预算

关于众筹项目的预算问题，首先要考虑的是费用问题。例如，对于一个成功的众筹项目，某众筹网站要从集资总额中收取 5% 的费用；而针对未达到既定目标，而选择接受收到的任何数量资金的项目，某众筹网站要收取 9% 的费用。支付处理费用又占你所筹集到资金的 3% ~ 5%。如果你的主要目的是为了赢利，就必须要将税金、奖品、将要花费的费用和邮费等纳入项目预算考虑。

5. 建立你的可信度

任何对项目给予资金支持的人都宁愿相信他们的钱将被充分利用，使项目取得好的结果。在众筹活动结束的时候，要多做一些事情，展现自己的诚实，使出资者知道他们的钱是花得有价值的。

6. 制作一个专业的视频

事实证明，包含一个视频的项目获得资金支持的可能性更大。要做你自己，把真正的自己展现在大家面前；保持真实感，不要作秀。而且，要知道你在和谁谈话。

有个人从自己失败的视频制作中学到了经验，他说："我的视频做得很糟糕。在此之前，我让业内几个朋友观看了视频，他们建议我不要参加众筹活动。他们说，你不应该展现低于你工作水平的东西。"由于视频质量差，众筹项目没有达到既定目标。其实，如果这个人的视频质量更好一些，他的项目可能在网站上吸引更多资金。

7. 设置奖品，拉近你和受众的距离

很多时候，人们都不希望在出资之后，一直到几个月后，报道出现在报摊上时才对项目有所了解。如果他们对某个项目很感兴趣，会想全程参与整个项目的运作，不管只是在幕后观察，还是采取实际行动推动项目进展。

可以使用剪辑室内地板上的照片来给观众提供奖品——没用的照片或者是从长片上剪下来的片段；或者从一个报道地点给支持者寄出一张明信片；或者使他们具有访问展示几个星期或几个月以来项目细节的博客特权；在一个大型报道之后，可以给支持者提供晚餐或者饮品；或者

在近期出版的书上对支持者表示感谢。你也可以走传统路线：设计个附有标志的T恤、杯子、女用手提包等。

8. 合理设置众筹活动的时间周期

30天是一个众筹项目的黄金时间段，超过60天，活动会丧失活力。

9. 制定推广策略

在项目正式启动之前，要与一些记者和博主谈谈你的活动，多接触在网上有影响力的“社会人士”，让他们帮助你宣传。让朋友和家人在项目启动时给予支持。更早地获得客观的资金支持，能够使其他支持者更有信心对你的项目给予资金支持。

10. 使用各种手段宣传你的项目

在宣传上多投放精力，可以比其他任何事产生更重大的影响！

全身心投入一个项目很重要。如果你在刚开始不做好，返回去重做就更困难了，再次寻求资金支持也会变得更困难。要和你知道的所有人及组织取得联系，包括与你存在关系的组织，例如你的校友组织，并请求他们在社交媒体上帮助进行宣传。

同时，要与在社交网站上有影响力的人取得联系，告诉他们：“我需要转发和转帖！”要向人们展示你的智慧和价值，把人们想看到的一些链接放上去，逐步展示关于你的众筹项目的一些零碎信息。

11. 众筹只是一个开始

要为出资者提供定期更新，使他们洞悉整个项目创意过程，甚至可以让他们参与到项目本身。最重要的是，千万不要低估你为完成项目将要进行的工作量。这是个需要大量时间的全职工作，想象一下你将要做的工作，然后将它们扩大2~3倍。

发布项目：如何在众筹平台上发布项目

众筹网是中国最具影响力的众筹平台，是网信金融集团旗下的众筹模式网站，为项目发起者提供募资—投资—孵化—运营一站式综合众筹服务。

规划好自己的众筹项目之后，下面的一项工作就是发布信息。如何在众筹平台上发布项目信息呢？这里有些知识是必须掌握的！

1. 发起人要求

①已满18周岁，有完全民事行为能力的人，未满18周岁者要由监护人协助提供相关资料。

②中华人民共和国公民，或能提供长期在中国居住证明的非中华人民共和国公民；在网站需要时，按照网站要求，提供必要的身份认证和资质认证，根据项目内容，包括但不限于身份证、护照、学历证明等。

③拥有能够在中国地区接收人民币汇款的银行卡或者支付宝账户。

④众筹网的注册用户，已仔细阅读、同意并无条件接受众筹网的《服务条款》所涉全部内容。

2. 项目要求

①凡是符合众筹网《项目发起规范》《用户协议》和《众筹公告》

的项目，都可以在众筹网发起。

②众筹网目前支持科技、音乐、影视、艺术、设计、动漫、出版、公益、公开课、农业十个行业的项目，要关注众筹公告对其他行业开放的公布。

③在其他同类网站上正在进行的项目不能在众筹网上同时发起。

3. 项目发起流程

在成为众筹网注册用户后，在网页上方点击“发起项目”；根据提示在网站上提交所需要的基本项目信息，包括图文结合的项目介绍、回报说明，以及真实有效的个人信息；完成后，便可提交审核。

4. 创建项目

当你开始创建项目时，不要着急，慢慢来！事实证明，很多成功筹集到资金的发起人在启动之前平均花了近两周的时间调整自己的项目。要深思熟虑、有条不紊地一步步进行。

（1）为项目选取一个合适的标题

项目的标题应该是简单的、具体的、令人难忘的，应该涵盖了你筹集资金所要进行的创意项目的标题。这个标题应该能单独、直接地表达一个清晰的事件，比如，“录制一张新唱片”则不如“××组合首张专辑《××××》”更容易被检索。要避免在题目中直接使用“帮助”“支持”“投资”等词语。要让他人知道，你是在寻求他人的帮助，而不是提供给大家一次让人不得不爱的特别经验。

（2）挑选合适的项目图片

项目图片是在首页以及其他板块内展示你的项目。要选择准确表达你的项目的图片，设计精美一些就更好了！

（3）编写你的项目简介

你的项目简介会出现在项目图片及标题的下方，这是最快地向访客们宣传你的项目的方式。要清晰地表达你的项目目标。

（4）编写你的个人简介

个人简介能让大家更好地了解你。你为什么是这个项目的发起人？是否有个人的网站链接？你有没有其他作品？这是个能吸引支持者信任的关键点。

推广项目：如何推广和实现众筹项目

市场营销是一项复杂的系统工程，在新媒体环境下，以及移动互联网时代如何推广你的众筹项目，同样是一个很系统复杂的行动。要想推广和实现你的众筹项目，必须遵循以下几个原则。

1. 最支持你实现梦想的人，是你自己

所有成功的众筹项目，其最大的推动力来自项目发起人本身。《社交红利》的作者徐志斌，在项目发起之后两周时间内，通过其微博、微信、QQ 群发、新闻投稿和口头告知等一切手段，每天都在积极发布和推动众筹项目的宣传，取得了初步获得 3300 个粉丝的成绩，继而再通过这 3300 个初试粉丝的沟通，取得了总印数超过 5 万册的成绩。

2. 善待和团结你的第一批支持人

从众筹项目发布之时起，支持者会在项目页进行留言互动。众筹平台上你的“个人中心”里也会显示出所有支持人的信息。要及时和支

持者保持联系，向他们随时汇报项目的最新进展，他们会成为你稳定的传播宣传渠道。

3. 向众筹网站申请得到支持

众筹网站的立意，就是帮助发起人实现梦想，帮助那些投资人找到值得支持的项目。众筹网站本身拥有巨大的用户数据库，稳定且日益增长的宣传渠道，以及为了支持优质项目的市场费用预算。与平台方建立紧密的沟通，会为自己获得额外的支持资源。

4. 实施节奏要快

在项目发起之前，应该深思熟虑，设计好文案、视频、图片、宣传文稿等必要的营销工具，一旦发布就要迅速达成项目结果。

被公开的项目创意，会有被别人仿效的风险。因此，要迅速推进，快速迭代。这里的快速迭代，也包括你回报项目要迅速兑现，以实现自身的口碑。对于跨度周期很长的项目，可以分解为数期项目分步完成。

> 有个网友是一位旅行爱好者，他在拉萨选择了一个500平方米的空间，希望为“沙发客”建立一个小客栈。众所周知，对于500平方米空间的客栈，需要较大的资金投入。为了验证这个想法的可行性，这人先在众筹网发起了募资5万元的众筹项目，设置了非常具有吸引力的回报模式。这个原定75天的筹资项目，仅用了30天就募资完成。
>
> 有了实践经验和初期支持了5万元的“原始粉丝”，此人立即发起38天15万元的第二期募资，结果以17万元超募完成。

这就是一个典型的“分期推进”案例。

第五章

巧用社交：在社交网站上玩转众筹的模式

众筹

善假于物：巧用社交平台完成众筹目标

众筹活动如果进行得顺利，似乎不用多大的力气就能完成，在旁观者看来更是如此。如今，投资额和支持者每天都在增加，特别是在最后阶段时，着实令人惊心动魄，每个人都在互相拥抱、拍手庆祝。

然而，众筹并不像过家家那样简单！众筹时，你会很焦虑，尤其是在活动进行到一半的时候。参与者会经历无数个不眠之夜，你要计算自己的社交网站上有哪些人还没为你捐款；同时，你还要强迫自己不停刷新活动页面。

不可否认，众筹之路压力重重，但是如果你善于假借他物，能够巧妙使用社交平台，可以在最短的时间里完成众筹目标。

1. 在众筹开始前就要开始准备

绝不能等到活动开始时才开始考虑是否要使用社交平台。至少要在社交平台上做一个像样的众筹宣传，要提前在社交媒体上经营。如果你希望众筹，但又没有经营这些平台，也不要烦恼，你可以从现在开始使用社交媒体，推迟你的众筹计划，直到自己在社交媒体上有一定的影响力。

为什么一定要在社交媒体上有影响力呢？举个例子，森林里一棵树倒下了，谁都不会知道。也许你的活动很给力，你的项目天下无敌，但是如果无法让他人知道，你的项目也就等于零，你是不会得到想要的资金的。

如果你既没有大量的联系人信息，也没有社交媒体的影响力，但是已经开始了众筹，该如何做呢？在某众筹网站上，曾经举办过一个拍摄运动鞋纪录片的众筹活动，结果没有达到其 10 万美元的目标。

如果你对运动鞋不感兴趣，至少要明白一件事情：喜欢运动鞋的人通常都愿意在他们的爱好上大手笔地花钱，所以这些人是一个很有潜力的小众市场。令人感到可惜的是，在活动开始之前，这个众筹团队并没有与他们的潜在投资人建立联系。而且，更要命的是，该团队的其中一位总监甚至认为，众筹平台会为他们找到投资人。结果，他们错了！

与此相反，另一个众筹项目，关于北美洲最艰难的山地骑行纪录片《骑过界》，则在 2012 年筹集了比其目标还要多一倍的投资，这要归功于他们在活动之前就与目标投资者建立了联系。

2. 不能只是依赖于社交平台上的好友

社交平台虽然是个不错的开始，但是不能期望只经营你的个人页面就能够达到众筹的目标。如果仅仅把众筹的链接发布在个人页面，就会把成功的压力转移到自己的亲朋好友上。这样做只会让他们讨厌你！

当然，也要选择合适的时间在个人页面上推销你的项目，因为你现实生活中的朋友也会希望知道你的近况，希望帮助你。但是，最好申请一个项目或公司的公共页面，在这个页面上专注经营。

通常情况下，电影制片人会为制作公司设置公共页面，在上面展示他们的电影，让影迷知道在新影片上映之前他们工作的花絮；作家通常也会为自己开设公共页面，让他的书迷了解他的最新动向等。以后，你也许还有其他的众筹项目需要开展，所以保持社交媒体的持久影响力很重要！

3. 众筹投资人并没有在关注你

不论是你的电影、书籍、订制皮革手镯，抑或是蛋卷冰激凌的创意有多好，任何人都不会守在众筹平台上关注你的项目。虽然所有的众筹网站都会宣传新项目，但是他们没有责任帮你大力宣传，这是你的任务。即使是老字号品牌也要为其众筹项目宣传造势。

在芝加哥做纪录片近50年的一家电影公司，之前出品过很多大受好评的纪录片，如《篮球迷》《阻断者》和《新美国人》。由于有大明星马丁·斯科塞斯和维尔纳·赫佐格参与合作，有些人认为，他们最近的一部关于罗杰·伊伯特的纪录片《生活》一定可以众筹成功。可是，纪录片的团队并没有因为过去的成就而沾沾自喜，他们举行了一个非常有趣的活动——把伊伯特的铁杆粉丝和年轻的粉丝聚集到了一起，为每一位投资者送出一份伊伯特的电影影评。这一方法巧妙地利用了现有资源，吸引了更多的新老支持者。

4. 找到最合适自己的平台

经营所有的社交网站，是不切实际的，要根据需要找到最适合自己的平台。要知道，你的目标投资者是谁；你每天能处理多少事情。

选择什么样的社交平台并没有标准答案，主要取决于你的目标投资者。如果你是一个电影制片人，就要在视频网站上发布自己的视频或评论别人的视频；如果你有一个以时尚为主题的活动，就应该到 Instagram（一款图片分享应用）上去经营。如果你的项目和食物有关，最好在

Pinterest（拼趣）上找到喜欢食物照片的人。

5. 社交媒体信息更新快，你的信息要简洁有趣

虽然你梦想中的项目很重要也很值得讨论，但是要想进行有效的社交媒体营销，最好的途径就是快速吸引观众。内容要简短、有吸引力，让人们不自觉地点开链接，然后转发。

在社交平台上，你可以写一些长信息，但是不要分段，在众筹页面上自有你大篇幅描述项目的地方。另外，在社会交平台上发布好照片的影响力也是不可小觑的。

6. 不要老想着“病毒式营销”，保持众筹的活跃度最重要

如果有人教你制作“病毒式营销”的视频或活动，他一定不是想帮你，而是在利用你。我们无法保证有几百万人都能看到你的众筹视频，所以要把重心放在能控制的事情上：为你的投资者持续更新信息，告诉他们“我还在为项目努力，你们依然是项目的一分子”。

7. 学会分享，真心实意

要了解投资者的需求，继而满足他们。有时投资者会通过个人层面联系到你，但是如果你对他们不了解，如何才能学会分享呢?

凯蒂·托德是一位独立制片歌手，自己制作专辑，在脸书上拥有自己的粉丝。如果你担任了凯蒂·托德众筹项目的咨询，每征集到10位投资者，就可以在网上发布一张她童年的萌照或糗照。虽然这样做会让她有些难为情，但是相信，这一招定然会非常奏效；有些粉丝们甚至还会拉拢他们的朋友进来，只为了能看到下一张照片。

这种方式，不仅可以不花一分钱让支持者开心，同时还能吸引新的

投资者，绝对是双赢的成功案例。

8. 你好，能帮我转发吗

由国际纪录片协会举办的一次众筹活动上，一家众筹平台的工作人员表示："如果你想要直接要钱，你就大错特错了。"此话说得有道理！

没人愿意听到别人说："求求你，为我捐 10 块钱吧！"他们希望听到的是："帮我转发一下吧，链接在此。""你认识的人中有人会喜欢这个项目吗，链接在此。""能帮我找到下一位支持者吗，链接在此。"

这些是非常基础的技巧，需要自己用心琢磨。你可以巧妙地不把手伸进他们的口袋，筹集到资金。而且，在这一过程中，他们多半都会为你转发。事实证明，能够争取到一条转发比 10 块钱的捐款更加有用！

9. 补充营养，众筹是一项锻炼

众筹活动一般要持续 30～60 天，是一场折磨人的马拉松长跑，所以要保持步伐的平衡，要及时补充水分和维生素，散散步，洗个澡，吃点蔬菜，不要每时每刻都检查支持者有没有增加。

有时，要把电脑关上，把事情暂时交给一个你信任的合作者，趁机休息一天。

总之，只有劳逸结合，才能精神饱满地继续战斗。

10. 活动之后，要记着支持者

一旦实现了众筹目标（或者是没有达到），就要向帮助过你的人表示尊重。这些人是你项目的一分子，要为他们提供最新的信息。在重大时刻可以邀请他们参与，让他们知道你什么时候发奖金，你的项目什么时候审查。如果你的项目赢得了奥斯卡或普利策大奖，一定要与他们分享这一消息。

如果你的项目没有如期开展，也要及时让投资者知情；如果不能如期发奖金，要知会他们；如果你的书不能按期完成，要诚实地告知他们。他们不会因为你遇到了点小麻烦就不高兴，他们会因为你的诚实而感动。而如果你不与他们联系，他们就会担心自己是否上当受骗。

对于众筹活动的真正考验在于，你是否会动手去做。要用心思考，提前准备，享受过程。

社交平台：国内外知名社交平台

国内外的知名社交平台有哪些呢？

1. Facebook（脸谱）

Facebook 是一个社交网络服务网站，于 2004 年 2 月 4 日上线。从 2006 年 9 月到 2007 年 9 月，该网站在全美网站中的排名由第 60 名上升至第 7 名。同时，Facebook 是美国排名第一的照片分享站点，每天上载 850 万张照片。

随着用户数量增加，Facebook 的目标已经指向另外一个领域：互联网搜索。

2. Twitter（推特）

Twitter 是国外的一个社交网络及微博客服务的网站。它利用无线网络、有线网络、通信技术，进行即时通信，是微博客的典型应用。它允许用户将自己的最新动态和想法以短信形式发送给手机和个性化网站群，而不仅仅是发送给个人。

3. Google（谷歌）

Google 是一家美国上市公司，于 1998 年 9 月 7 日以私有股份公司的形式创立，主要用来设计并管理一个互联网搜索引擎。

Google 公司的总部称作“Googleplex”，位于加利福尼亚山景城。Google 创始人拉里·佩奇和谢尔盖·布林在斯坦福大学的学生宿舍内共同开发了全新的在线搜索引擎，然后迅速传播给全球的信息搜索者。

目前，Google 被公认为是全球规模最大的搜索引擎，它提供了简单易用的免费服务。

4. QQ 空间

QQ 空间是腾讯公司于 2005 年开发出来的一个个性空间，具有博客的功能，自问世以来受到众多人的喜爱。

在 QQ 空间上可以书写日记，上传自己的图片，听音乐，写心情，通过多种方式展现自己。除此之外，用户还可以根据自己的喜爱设定空间背景、小挂件等，使每个空间都体现出自己的特色。

当然，QQ 空间还为精通网页的用户提供了高级的功能：可以通过编写各种各样的代码来打造自己的空间。

5. 人人网

2009 年 8 月 4 日，千橡集团将旗下著名的校内网更名为人人网，社会上所有人都可以来到这里，从而跨出了校园内部这个范围。

人人网是为整个中国互联网用户提供服务的社交网站，给不同身份的人提供了一个互动交流平台，不仅提高了用户之间的交流效率；还通过提供发布日志、保存相册、音乐视频等站内外资源分享等功能搭建了一个功能丰富高效的用户交流互动平台。

2011 年 5 月 4 日，人人网在美国纽交所上市。同年 9 月 27 日，人人网宣布以 8000 万美元全资收购视频网站 56 网。

6. 开心网

北京开心人信息技术有限公司创办于 2008 年 3 月，是国内第一家以办公室白领用户群体为主的社交网站。

开心网为广大用户提供包括日记、相册、动态记录、转帖、社交游戏在内的丰富易用的社交工具，使其与家人、朋友、同学、同事在轻松互动中保持更加紧密的联系。

成立以来，网站注册用户已达上亿，已发展成为中国最领先和最具影响力的实名化社交网站。

7. 腾讯微博

腾讯微博是一个由腾讯推出，提供微型博客服务的类推特网站，有"私信"功能，支持网页、客户端、手机平台腾讯微博登录界面，支持对话和转播，并具备图片上传和视频分享等功能；还支持简体中文、繁体中文和英语。

在"转播"设计上，转发内容独立限制在 140 字以内，采取了类似与推特一样的回复类型，这与大多数国内微博相同。此外，腾讯微博更加鼓励用户自建话题，在用户搜索上可以直接对账号进行查询。

8. 新浪微博

新浪微博是由新浪网推出的，主要为用户提供微型博客服务。

新浪微博用户可以通过网页、手机客户端发布消息或上传图片；可以将看到的、听到的、想到的事情写成一句话，或发一张图片，通过电脑或者手机随时随地分享给朋友；还可以即时看到朋友们发布的信息。

截至2014年3月，新浪微博月活跃用户已经达到1.438亿，日活跃用微户为6660万。

9. 微信

2011年1月21日，腾讯公司推出了微信。这是一款为智能终端提供即时通信服务的免费应用程序，支持跨通信运营商、跨操作系统平台通过网络快速发送免费语音短信、视频、图片和文字；同时，也可以共享社交插件“摇一摇”“漂流瓶”“朋友圈”“公众平台”“语音记事本”等。

微信提供了公众平台、朋友圈、消息推送等功能，用户可以通过“摇一摇”“搜索号码”“附近的人”及扫二维码等方式添加好友和关注公众平台；同时，还可以通过微信将内容分享给好友以及微信朋友圈。截至2013年11月，微信注册用户量已经突破6亿，成为亚洲地区拥有最大用户群体的移动即时通信软件。

10. 易信

易信是由网易和中国电信联合开发的即时通信软件，能够实现真正免费聊天。

易信支持跨通信运营商、跨手机操作系统平台，可以通过手机通讯录向联系人免费拨打电话以及发送免费短信，向手机或固定电话发送电话留言；同时，也可以向好友发送语音、视频、图片、表情和文字。此外，还可以通过“朋友圈”拍照记录生活，上传文字、图片与好友们分享自己的近况。

为了为用户打造新颖有趣的社交新功能，易信推出了“问一问”“拼车族”“偶遇”“晒一晒”等新功能，为用户带来了新鲜有趣的社交体验。

11. 来往

2013 年 9 月 23 日，阿里巴巴正式发布了移动好友互动平台——来往。这也是阿里巴巴新成立网络通信事业部后，对外正式亮相的第一个集团核心级项目。除了语音、文字等基本的通信功能之外，“来往”还支持“阅后即焚”。

“来往”实现了熟人之间的社交，它把人们的社交、生活和消费等不同的应用场景链接起来，依托整个阿里庞大的用户基数，以及过亿的手机淘宝和旺信用户之间的互动需求，打造出了一个全新的无线应用场景。

12. 陌陌

陌陌是一款基于地理位置的移动社交工具，专注于移动互联网、移动社交、社交模式探索，满足了人们的社交需求。

使用者不仅可以通过陌陌认识附近的人，还可以免费发送文字消息、语音、照片以及精准的地理位置跟身边的人畅通交流；同时，还可以使用陌陌创建和加入附近的兴趣小组、留言及参与附近活动和陌陌吧，丰富自己的社交圈。

据了解，截至 2014 年 7 月 10 日，陌陌总用户数已经超过 1.5 亿。

国内案例：国内众筹如何巧用社交平台

众筹这种新型的创业融资方式正在改变我们的生活，同时一些行业也因为众筹这种模式而衍生出了新型的生态。社会化营销时代，众筹模式因为其本身所蕴含的艺术和梦想的气质给我们提供了太多的想象空间，众筹到现在早已经超越了融资这一个范畴，在其中可能会涉及营销、娱乐、聚会等各个方面。只要你的想法能够得到大家的认可，在众筹网，你的梦想大家可以帮你实现。

1. 联合光伏用众筹模式改变了企业融资

股权众筹虽然一直以来颇受争议，但仍然改变不了企业用这种众筹项目融资的热情。

2014 年 2 月，联合光伏在众筹网发起建立全球最大的太阳能电站的众筹项目，项目是典型的股权众筹模式。

该项目预计筹资金额为 1000 万元，每份筹资金额为 10 万元，每个用户最多购买一份，所有支持者都将成为此次项目的股东。目前，项目已经超额完成了预定任务，总计筹资金额达到 1000 万元。

这个项目无论是从规模上，还是从具体实施上，都给整个众筹行业起到了示范作用。到相关法律规定出台之时，相信一定还会有其他企业仿效联合光伏，用众筹的模式进行融资。

2. 蚂蚁T恤利用众筹模式让转行创业成真

这是一个完全为了梦想不顾一切向前冲的故事，众筹模式恰好在对的时间提供了帮助。

有位做了5年技术的程序员，一直忘不了自己想做“最极致T恤”的梦想，在5年赚到一定启动资金之后，利用众筹模式，在众筹网发起了“以蚂蚁故事为主题的T恤”项目，在将自己的梦想以及自己所做的T恤样品展示出来之后，立即获得了很多人的支持。

此项目的原定计划是筹集到8000元，没有想到在短短几天内，目标就超额完成，现在这个项目正以飞快的速度吸引着众筹用户的关注。

3. 众筹平台让明星的粉丝团有了更好的平台

在过去，那些明星粉丝团体更多的是在社交平台上进行联系交流，但众筹平台的出现，让他们可以通过大家集资来向他们的偶像展示自己的心迹，进而办成更多的事情。

2014年3月，金宇彬百度贴吧粉丝在众筹网发起了“金宇彬FM上海站，握手会追加”活动，并且最终获得了成功。其实，在中国金宇彬因为行程问题并没有在上海安排这么一场粉丝握手会，粉丝们出于对偶像的极度热爱，在众筹网上发起了握手会追加活动，想要通过大家的集体筹资打动经纪公司，让粉丝们与偶像有一次亲密接触的机会。

这个看起来有点偏执的项目，没想到在上线之后获得了特别好的效果。由于时间比较紧，此次项目依旧超额完成了原定 30 万元的目标，最终筹资金额超过 33 万元，不得不令人感叹，粉丝的力量真是伟大！

这个众筹项目给我们带来的启示是：娱乐众筹或许会成为众筹模式的排头兵。或许在不久的将来，我们就可以看到类似于金宇彬握手会这样的众筹项目成为众筹的主力。

第六章

风险防范：信用违约和法律援助

众筹

风险分析：众筹存在的风险分析

众筹有风险，进行需谨慎！在做众筹项目时，做好必要的风险分析是非常必要和重要的！那么，开展众筹活动的时候，会遇到哪些风险呢？

1. 法律风险

众筹平台是一种创新性的以互联网为依托的经营模式，其崭新的运营模式为其带来广阔的前景，但也正由于其是一种崭新的经营模式，立法速度无法与之企及，导致诸多法律问题与之相伴而生。目前这些问题主要集中在众筹平台是否涉嫌非法集资犯罪、代持股的风险，项目发起人知识产权权益易受到侵犯，是否突破《证券法》关于禁止公开发行证券的规定，监管制度缺失所引发的问题等。下面我们就针对这些问题一一探讨。

（1）非法集资风险

众所周知，在目前金融管制的大背景下，民间融资渠道不畅，非法集资以各种形态频繁发生，引发了较为严重的社会问题。

从形式上看，众筹平台这种运营模式未获得法律上的认可，通过互联网向社会公开推介，并确实承诺在一定期限内给以回报（募捐制众筹除外）——其中股权制众筹平台以股权方式回报给出资者，奖励制众筹平台主要以物质回报的方式回报给出资者，借贷制众筹平台以资金回馈方式回报给出资者，且均公开面对社会公众。所以，单从这一条文来说，众筹平台的运营模式与非法集资的构成要件相吻合。

但是，不仅要考虑众筹平台是否符合非法集资的形式要件，还要深入考察众筹平台是否符合对非法集资犯罪定性的实质要件。在《最高人民法院关于审理非法集资刑事案件具体应用法律若干问题的解释》的立法目的中写道："为依法惩治非法吸收公众存款、集资诈骗等非法集资犯罪活动，根据刑法有关规定，现就审理此类刑事案件具体应用法律的若干问题解释如下。"可见，该司法解释的出台是为惩治非法吸收公众存款、集资诈骗等犯罪活动，是为了维护我国社会主义市场经济的健康发展。反观众筹平台，其运营目的包括鼓励支持创新、发展公益事业及赢利。

良性发展的众筹平台并不会对我国市场经济产生负面影响，不符合非法集资犯罪的实质要件，所以不应被定性为非法集资犯罪。但同时，也要严加防范不法分子以成立众筹平台或者发布众筹项目为外衣，实际骗取项目支持者和出资人资金的行为。

（2）代持股的风险

凭证式和会籍式众筹的出资者一般都在数百人乃至数千人。部分股权式融资平台的众筹项目以融资为目的吸收公众投资者为有限责任公司的股东，但根据《公司法》第二十四条规定"有限责任公司由五十个以下股东出资设立"，那么，众筹项目所吸收的公众股东人数不得超过五十人。如果超出，未注册成立的不能被注册为有限责任公司；已经注册成立的，超出部分的出资者不能被工商部门记录在股东名册中享受股东权利。

目前，绝大部分对股权式众筹项目有兴趣的出资者只愿意提供少量的闲置资金来进行投资，因此股东人数被限制在五十人以内，会直接导致无法募集足够数额款项来进行公司运作。采用代持股的方式虽然在形式上不违反法律规定，但在立法精神上并不鼓励这种方式。当显名股东与隐名股东之间发生股东利益认定相关的争端时，由于显名股东是记录在股东名册上的股东，因此除非有充足的证据证明隐名股东的主张，一般会倾向于对显名股东的权益保护。所以，这种代持股的方式可能会直接侵害到广大众筹项目出资者的权益。

（3）知识产权受到侵害的风险

这一问题主要针对奖励制众筹平台。在奖励制众筹平台，众筹项目发起者的主要目的在于实现其创意，贩卖其创意；而出资者的投资出发点在于支持创意、购买新颖的产品。但是，发布在奖励制众筹平台的众筹项目大都是还未申请专利权的半成品创意，因此不能依知识产权相关法律保护其权益。

同时，几个月的众筹项目预热期给了盗版商“充分的”剽窃时间，盗版商完全可以在此期间仿造发布在众筹平台筹资的创新项目并达到量产再流通到市场，这样众筹项目就失去了其最重要的创新性而流掉诸多客户。所以，从保护知识产权利益的角度出发，许多众筹项目的发起者只向公众展示其创意的部分细节。

（4）“公开发行证券”的风险

《证券法》第十条第一款规定：“公开发行证券，必须符合法律、行政法规规定的条件，并依法报经国务院证券监督管理机构或者国务院授权的部门核准；未经依法核准，任何单位和个人不得公开发行证券。有下列情形之一的，为公开发行：（一）向不特定对象发行证券的；

（二）向特定对象发行证券累计超过两百人的；（三）法律、行政法规规定的其他发行行为。”

众筹平台在募集资金过程中面对的是不特定对象，且人数常常超过两百人，很容易触犯《证券法》关于公开发行证券的规定。奖励制众筹平台为了规避这一风险，采取了这样的政策：不以现金回馈的方式回报出资者，将投资行为演变为团购、预购行为，使整个众筹法律关系与《证券法》撇清。

股权制众筹平台对这一问题则是采取成立有限合伙的方式，即由众筹出资者成立有限合伙，再由合伙企业对众筹项目发起者进行投资。然而根据《证券法》第十条第二款“非公开发行证券，不得采用广告、公开劝诱和变相公开方式”，股权式众筹平台的这种方式就是一种变相公开的形式。由此可见，股权式众筹平台的发展目前在中国的法律大环境下受到诸多限制。

2. 信用风险

目前在中国，各种模式的众筹平台不仅存在法律风险，也存在信用风险。这是众筹行业面临的共通性问题。按照众筹法律关系的主体进行划分，众筹平台面临的信用风险包括项目发起者的信用风险和众筹平台的信用风险。

（1）项目发起者的信用风险

项目发起者的信用风险主要包括众筹平台对项目发起者的资格审核不够全面引起的问题以及项目发起者在募集资金成功后不能兑现其承诺的问题。

首先，众筹平台应至少对其上线项目的发起者做真实性核查，以此来保证出资人的利益和其平台自身的信用。

其次，关于项目发起者在募集成功后不能兑现承诺的问题，目前通过众筹模式进行筹资的项目大多为创意类项目，一定程度上相当于预售，项目支持者看好某种创意，通过资助的形式使其有足够的资金来将创意变为实物，但出资者和项目发起者双方没有任何实际的接触，出资者仅仅是通过在众筹平台上挂出的项目介绍决定是否对其进行资金支持。对于成功募集资金的众筹项目，众筹平台通常会一次性将款项拨付到众筹项目发起者的账户，在这之后，将不再负有对众筹项目监督的义务，后期的监督缺乏会导致权力的滥用。

对于此类风险，众筹平台均声明不承担任何责任。调查显示，约75%的项目无法按期完成，这也让出资者越来越意识到，在众筹网站上的预售行为和网上购物不一样，前者可能面临无法交货的风险，进而导致出资者对众筹行业产生信任危机。因此，能否很好地解决这一问题，将会直接影响草根阶层根植在众筹投资的热情。

（2）众筹平台的信用风险

众筹平台的信用风险主要在于资金托管。在实际操作中，出资者将出资拨付到众筹平台的账户，再将资金打到成功募集的项目上，众筹平台实质上在其中扮演了支付中介的角色。整个资金流转过程并没有资金托管部门，也未受到监管机构的监督。也就是说，众筹平台完全在靠着自己的信用经营着如此庞大的资金量。一旦众筹平台出现信用危机，投资者的出资将难以追回。

此外，从项目开始到结束的一段时间内，被托管的资金是会产生收益的，而资金在托管期间所产生的收益应该如何分配也尚无法律作出明确规定。诸多投资者因为以上诸多问题对众筹平台持怀疑和观望态度。

风险预防：中国众筹平台的风险防控

众筹模式开拓了民间资本与实体经济的对接通道，利用众筹平台可以联结众多的民间投资者。互联网是高效、公开的信息传播平台，投资者可以根据个人的喜好选择投资项目，有效地集中了人们手中的闲散资金。

可是，由于众筹融资活动缺乏制度管制，游离于正规金融体制外，处于合法的边缘，面临各种风险。因此，必须加强众筹模式的风险管控，并建构一套风险防范机制来对其进行规范管理，通过制度优势来克服众筹模式的负面效应，以期能扬长避短，充分发挥它的积极作用，抑制其消极一面的发展。

1. 众筹模式法律风险防范措施

众筹各平台应逐步建立行业自律组织，为整个众筹行业建立一种自然保护和反应机制，为行业发展中风险事件带来的负面效应进行及时修正。

（1）债权类众筹平台

债权类众筹平台应回归平台类中介的本质，为投融资双方提供准确的点对点服务，不得以平台为资金融资方提供担保，不得承诺回报，不得为平台本身募集资金以及不得建立资金池。同时，应严格审查融资方的信息，严防虚假融资信息的发布。

（2）股权类众筹平台

股权类众筹平台应加强投资者与融资者资格的严格审查，并告知投资者其投资风险。同时，平台需要对项目融资方的股东信息、产品信息、公司信息进行严格审查，必要时应实地考察，做好法律、财务等方面的尽职调查；在需求对接上，每次只允许不超过200个投资人看到推介的项目，具体的投资洽谈需要在线下以面对面的方式进行；为了避免人员过多和代持造成的问题，对选定的投资人最好采用设立有限合伙企业合投方式进行。

（3）奖励类众筹平台

奖励类众筹平台应严格审查项目发布人的信息，相关产品或创意的成熟度，避免虚假信息发布，同时对融资资金严格监管，保证回报产品按约履行，并且众筹平台不能为项目发起人提供担保。

（4）捐赠类众筹平台

捐赠类众筹平台需要严格审查项目发布人资格、公益项目的情况，并且应对募集资金严格监管，保证公益类项目专款专用。

2. 众筹模式投资风险防范措施

首先，为防范众筹模式的投资风险，众筹平台应建立风险隔离机制，加强与权威第三方支付机构的合作，在项目融资过程中，资金应存放于第三方支付平台进行风险隔离，有效避免众筹平台过度占用投资者的资金，使得资金清算独立、透明。

其次，众筹平台应明确规定平台项目募集资金孳息的归属问题，投资者存放在众筹平台上的资金，平台应对其进行合理监管，其产生的孳息应在发起人、支持者与平台之间合理分配，而不是仅仅占为己有；另外，建议与投资者事先针对项目筹资成功之前的资金产生的孳息如何分配达成协议。

最后，众筹平台应建立合格投资者制度，从根源上防范投资风险。

国内众筹平台应在借鉴国外相对成熟的经验基础上，结合国内发展的实际情况，对众筹投资者资格进行限定。同时，应加强信息披露制度的建立，对于各类众筹平台融资成功的项目应加强后期监督管理，从而使得信息透明，进而保障投资者的利益。

3. 众筹项目设计侵权风险防范措施

众筹项目在发起之前，融资方可以到相关权威的第三方平台登记备案，通过大众版权认证中心进行存证，进行数字作品时间认证和多维度智能认证。一旦发生版权纠纷，可提供初步证据，提高法律证据的有效性，并且能与官方人工登记预防侵权行为相互补充。

众筹项目数字化作品的版权保护可分三步走：

第一步，对访问网络资源进行控制。安全访问控制依赖于鉴别、授权机制和密码技术的综合运用。

第二步，要对作品进行限制性应用。主要加强相应的版权保护立法，把任何未经授权的生产或拷贝界定为侵犯版权。技术上，用户的私人密钥与用户再现装置或版权资料结合，使得在没有私人密钥的情况下就无法观看或印刷这些资料。

第三步，将版权信息以无法消除和无法更改的方式组合于多媒体信息中。

除此之外，由于侵权行为系通过互联网众筹平台实施，对于他人实施的侵权行为，各国立法通过“通知—删除机制”，鼓励居于“中间状态”的众筹平台应与著作权人开展双向合作，以防止侵权活动的发生。

风险对比：中美众筹模式风险对比

众筹模式作为一种舶来品，自 2011 年登陆中国市场以来，已逐渐发展成为互联网金融的一种重要形式。只是向来舶来品都会经历水土不服、“中国式”改良的过程，众筹模式也概莫能外！通过对比可以发现，中美众筹还是在许多方面存在差异，差异化的存在也影响着各自不同的发展前景。

1. 信用体系迥异

在中国，信用体系的薄弱一直制约着银行体系外借贷市场的发展，尤其对于互联网金融的发展，信用缺失更是一大障碍。

美国拥有完善的信用建设的法律法规、成熟的市场化信用机构、清晰的信息公开管理，每一位公民都将信用记录视作生命般重要，也注定了信用体系的完整对金融活动起到了很好的支撑作用。

因此，对于任何投资人来讲，项目发起人自身的信用水平都是很重要的信息。正是因为中国信用体系的不够健全，众筹模式在中国的市场规模并没有美国那么大。

2. 投融资环境不同

美国融资市场复杂且多层次，而中国的融资环境不甚乐观，尤其是针对中小企业以及创业型企业，资金往往是成败的最关键因素。

正是由于中国比较特殊的融资环境，也导致了互联网金融在中国的蓬勃兴起，而众筹更是以附加了精神层面的反馈为吸引力，令“筹钱”

这件事文艺且雅致起来。

相对于传统的融资方式，众筹更为开放，能否获得资金也不再是以项目的商业价值作为唯一标准。只要是公众喜欢的项目，都可以通过众筹方式获得项目启动的第一笔资金，且一般首次筹资的规模都不会很大，为更多小本经营或创作的人提供了无限的可能。

在价值认知的感召下，众筹模式可以打破中国融资环境不甚乐观的局面，为更多有创意、有市场的项目和企业成熟发展起来提供有力支持。

3. 项目类型差异

美国众筹成功案例众多，其众筹项目主要集中体现在创意项目，以现今科技产品为主导，一方面满足了“发烧友”的需求，另一方面有针对性地用于寻求资金、推广产品。

中国的众筹网站在文化、科技等垂直领域已出现了进一步细分的趋势，但总体看来，文化创意仍是目前众筹项目最为主要的活跃领域。目前，国内文化类众筹项目多集中在“奖励众筹”的领域。

4. 监管环境不同

众筹在中国才刚刚起步，目前国内缺乏专门的法律法规对众筹行业予以规范，对于众筹网站的批准设立、业务经营范围许可、资金风险控制没有明确规定，日常监管方面几乎处于空白。目前，国内监管层对互联网金融的发展持肯定态度，只是具体监管细则还未落地。

在这方面，美国已对众筹有明确的监管。2012 年 4 月 5 日，美国总统奥巴马签署了《创业企业融资法案》。此法案增加了对于众筹的豁免条款，这使得创业公司可以众筹方式向一般公众进行股权融资。而且，相关条款不仅涉及众筹平台不得从事的活动、信息披露的要求、发行者的限制、发行者的法律责任等，还考虑到众筹可能会被滥用而损害公众投资人的利益，对投资者也做了很多限制。

第七章

法律规避：玩众筹如何避开法律风险

众筹

正视问题：中国式众筹存在哪些问题

自众筹模式引入中国以来，就迅速融入了中国元素，从中国第一个众筹平台——点名时间到如今数十家众筹平台，均不同程度地进行了改造和创新，已经与美国众筹平台有了较为明显的差异。但相对于其他互联网金融模式而言，众筹始终在摸索中前行，在静悄悄中探索，发展比较缓慢。在制约众筹发展的因素中既有中国现行法律法规，也有整个社会大环境问题。

总体上看，除了债权式众筹 P2P 得到迅猛发展之外，其他类型的众筹，如股权类众筹、回报类众筹、公益类众筹，以及基于众筹思维的圈子咖啡馆众筹模式，虽然也得到了一定的发展，但是总体看来还处于“雷声大、雨点小”的状态。那么，中国式众筹究竟存在哪些问题呢？是什么原因造成中国式众筹发展得如此缓慢呢？

1. 中国的政策法律环境不成熟，很多众筹创新模式与现行法律法规存在一定的冲突

在众筹起源地美国，2012 年 4 月 5 日，美国总统奥巴马签署了《JOBS 法案》，进一步放松对私募资本市场的管制。法案规定，对每一个项目来说，其融资规模在 12 个月内不能超过 100 万美元；同时

也限制了每一个特定投资人的融资规模，不可超过其年收入的5%。《JOBS法案》的出台使美国众筹有了合法生存的法律依据，特别对股权类众筹发展有极大的促进作用。

但在中国，根据中国法律，众筹不支持以股权、债券、分红、利息形式作为回报项目，否则有非法集资之嫌，美微传媒在淘宝出售原始股的大胆尝试被监管部门叫停就是一个例子。在中国现行法律环境下，股权众筹生存和创新的空间很小。根据现行的《公司法》及《证券法》相关规定，如果未经监管部门审批，向非特定对象公开发行股票，或者向超过200个特定对象发行股票，都属于公开发行股票。

按照现行法律规定，股权众筹平台不能在平台上公开宣传众筹项目，否则有可能违反未经审批向公众公开发行股份的法律红线，如果达到一定的程度，则可能构成犯罪。此外，也不能踩向超过200个特定的人发行股份的法律红线。在此情况下，股权众筹只能通过线下进行，不能发挥众筹的效用。

因此，就目前中国法律政策环境而言，债权类众筹、股权类众筹还存在诸多的限制和法律红线，如果放开去创新则可能触犯刑律，保守则不利于创新，缺乏吸引力。

2. 众筹平台的赢利模式存在问题

就目前来看，中国式众筹网站的交易规则和赢利模式是，如果在规定时间内未达到预定筹款目标，系统会将已筹集到的资金退还给出资人；如果项目筹款成功，网站将根据筹得金额按比例收取佣金，佣金是主要收入来源，其次还有广告收入。

具体而言，国外众筹平台的赢利模式通常是，从融资成功的项目中收取一定佣金，费用比率一般为5%~10%。但在国内，众筹模式很难收取佣金，而且由于用量很小，加之很多众筹项目融资金额不大，即便收取也没有意义。

没有好的商业模式和赢利点，就难以吸引更多的互联网创业者加入众筹行业，也难以吸引投资人的目光。这些都客观上制约了众筹平台的发展。

3. 中国式众筹征信体系及诚信环境缺失

征信体系也是众筹平台的一大难点，通过陌生平台或者弱关系开展众筹，筹资人的信任机制、分配机制、退出机制是否健全到足以让人相信，而且持久相信，这是一个很关键的问题。项目发起人可以利用虚假信息进行圈钱，领投人也很可能是同谋。

由于众筹平台游离于央行征信系统之外，加之目前众筹缺乏明确的金融监管主体，很难被纳入央行征信系统。目前大多数众筹平台所能做的，是自建征信数据库排查借款人的恶意违约风险，央行的个人征信报告很难调用。除了央行的征信体系，个人信息的查询、身份识别、相关的其他司法状态信息等存在难以打通的障碍，金融大数据还是个美丽的梦！

没有用户征信在线大数据的支持，众筹平台只能依靠有限的人力用有限的手段采用传统的方法去调查项目发起人的资信能力，这种风险防控模式方式成本高、效果差。

4. 众筹项目存在知识产权保护不足问题

投资者缺乏安全感，发起人也同样缺乏。国内知识产权保护的匮乏让筹资者面临创意剽窃的危机。鉴于国内知识产权保护现状，众筹平台无法保证创意不被他人剽窃，知识产权的权利人只能自己提高保护意识，部分披露产品或创意细节，同时与网站签订一些保密协议，防止项目鸡飞蛋打。但这样做却使得投资人看不到完整的项目和产品创意信息，无法做出投资决策，这也是大量的股权类众筹及高科技产品的回报类众筹不具有吸引力的原因。

5. 中国社会对众筹认识不足，存在诸多误解

由于中国各地之前出现的民间借贷引发的跑路现象和对一些集资诈骗案件的处罚，使社会普遍把众筹与非法集资联系起来，一听到众筹立刻联想起非法集资问题。再加上，中国社会诚信体系尚未完全建立，社会普遍存在不信任感，所以这些因素都对众筹的发展不利，因为众筹是基于信任而产生的，没有信任就不存在众筹的基础。

在上述诸多因素的制约下，中国式众筹目前的现状是，除了越来越膨胀的 P2P 之外，股权式众筹谨小慎微，步履蹒跚，只有回报类众筹凭借“创意产品和文艺”艰难生存。

法律风险：众筹在中国面临哪些法律风险

根据目前国内的线上众筹（众筹平台）及线下众筹（无众筹平台）的模式，结合国内现行法律法规，众筹可能面临诸多法律风险。因此，必须了解众筹所面临的法律风险和难题。

1. 刑事法律风险

结合现行刑法的有关规定看众筹，众筹可能面临如下几类刑事法律风险。

（1）非法吸收公众存款罪

众筹在中国可能面临的第一个刑事法律风险，就是可能触犯刑法规定的非法吸收公众存款罪。很多人对非法集资有种误解，认为只要不公开，只要对象不超过200人就不算非法集资，其实这是一种错误的认识，是把非法集资与非法证券类犯罪的立案标准搞混淆了。

（2）集资诈骗罪

众筹在中国可能面临的第二个刑事法律风险，就是可能触犯刑法规定的集资诈骗罪。该犯罪比非法吸收公众存款罪更严重。

（3）欺诈发行证券罪

众筹可能遇到的一个非法证券类犯罪是欺诈发行证券罪，虽然对于大多数众筹而言，不太可能去发行根本不存在的股份，但是夸大公司股份价值和实际财务状况还是可能存在的，因此，需要充分认识该类犯罪的实质。

我国刑法第一百六十条规定：在招股说明书、认股书、公司、企业债券募集办法中隐瞒重要事实或者编造重大虚假内容，发行股票或者公司、企业债券，数额巨大、后果严重或者有其他严重情节的，处五年以下有期徒刑或者拘役，并处或者单处非法募集资金金额百分之一以上百分之五以下罚金。

（4）擅自发行证券罪

擅自发行证券罪可能如影随形地在等着股权类众筹的发起人。该类犯罪“天生与股权类众筹有缘”，在当下也是股权类众筹最容易触碰和最忌惮的刑事犯罪。

2. 行政法律风险

与刑事犯罪法律风险相对应，就目前看，众筹在中国可能会遇到以下几类行政法律风险。

（1）证券类行政违法行为

如果未经批准擅自公开发行股份，在未达到刑事立案标准的情况下，则构成行政违法行为，依法承担行政违法责任，由证券监督机关给予行政处罚。

（2）非法集资类行政违法行为

如果非法集资行为未达到刑事立案标准，则构成行政违法行为，依法承担行政违法责任，由中国人民银行给予行政处罚。

（3）虚假广告行政违法

如果众筹平台应知或明知众筹项目存在虚假或扩大宣传的行为而仍然予以发布，但尚未达到刑事立案标准，则涉嫌虚假广告行政违法。

（4）非法经营行政违法

如果众筹平台未经批准，在平台上擅自销售有关的金融产品或产品，但尚未达到刑事立案标准，则涉嫌非法经营行政违法。

3. 民事法律风险

众筹除了可能会面临前面所说的刑事法律风险和行政法律风险之外，由于大众参与集资模式涉及人数众多，必将导致大家利益安排不一致，关切点也不尽相同。所以，必然会伴随如下民事法律风险发生。

（1）合同违约纠纷

众筹最可能存在的合同违约，主要表现在产品质量不符合约定，交货期不符合约定，不能如期提交约定回报结果，不能如期还款造成的债务纠纷等。

（2）股权争议

股权类众筹还可能引发股权纠纷及公司治理有关的纠纷。此外，对于采取股权代持方式的股权类众筹，还可能存在股权代持纠纷等。

（3）退出纠纷

股权类众筹还涉及一个退出问题，如果没有事先设计好退出机制，或者对退出方式设计不当，极容易引发大量的纠纷。

（4）民事诉讼程序上的问题

众筹在民事诉讼程序上也存在诸多问题，如诉讼主体资格确定问题、集团诉讼问题、电子证据认定问题、损失确定标准问题、刑民交叉及刑事附带民事诉讼等。

由此可见，玩众筹不仅要考虑不能触碰刑事法律红线、行政法律红线，而且在模式设计上，需要严格履行有关法律手续，完善有关法律文件，设定好众筹规则，将每一个操作流程进行细化，转化为一个个法律问题，然后用一个个法律文件固化下来，保证众筹的顺利进行，避免不必要的民事法律争议发生。一旦发生纠纷，必然会影响众筹的成败！

规避风险：玩众筹如何避开法律风险

一个好的众筹设计，其实就是目标与模式相匹配的过程，从这个意义上来说，众筹模式设计者其实就是互联网金融的架构设计师，直接影响了众筹的成败。下面就谈一谈如何避开法律风险的问题。

1. 玩众筹如何避开刑事及行政法律风险

由于众筹类别不同，可以按照众筹模式不同逐一进行分析。

（1）债权类众筹如何避开刑事或行政法律风险

债权类众筹的表现形式一般为 P2P 模式，其最可能触碰的刑事罪名是非法集资类犯罪，主要是非法吸收公众存款和集资诈骗，属于公检法司法机关受理和管辖的范围。同样，如果尚未达到非法集资的刑事立案标准，则可能构成非法金融行政违法行为，属于中国人民银行监管处罚的范围。

在目前监管层对互联网金融持积极开放的态度下，债权类众筹可以创新，但不要触碰以下三条法律红线。

第一条法律红线：当前相当普遍的理财资金池模式，即P2P平台将借款需求设计成理财产品出售，使投资人的资金进入平台中间账户，产生资金池。

第二条法律红线：不合格借款人导致的非法集资风险，即P2P平台未尽到对借款人身份的真实性核查义务，甚至发布虚假借款标的。

第三条法律红线：典型的庞氏骗局，即P2P平台发布虚假借款标的，并采取借新还旧的庞氏骗局模式，进行资金诈骗。

债权类众筹要充分把自己定位为中介平台，回归平台类中介的本质，为投资方与资金需求方提供准确的点对点服务，不得直接经手资金，不得以平台为资金需求方提供担保，不得以平台承诺回报，不得为平台本身募集资金，不得建立资金池。并且，要严格审查融资方的信息，严防虚假融资信息的发布。

如果能够做到上述几个方面，严格恪守法律红线，则债权类众筹可能避开非法集资类刑事或行政类法律风险。

（2）股权类众筹如何避开刑事或行政法律风险

股权类众筹目前是法律风险最大的一类众筹模式，也是未来发展空间最大的一类众筹模式，其最可能触碰的刑事法律风险是非法证券类犯罪，归属于公检法受理和管辖。同样，若达不到刑事立案标准，则属于非法证券类行政违法行为，归属于证券监督管理机关管辖和受理。

股权类众筹可以创新，但不要触碰以下六条法律红线。

第一条法律红线：不向非特定对象发行股份。

第二条法律红线：不向超过200个特定对象发行股份。

第三条法律红线：不得采用广告、公开劝诱和变相公开方式发行股份。

第四条法律红线：对融资方身份及项目的真实性严格履行核查义务，不得发布风险较大的项目和虚假项目。

第五条法律红线：对投资方资格进行审核，告知投资风险。

第六条法律红线：不得为平台本身公开募股。

如果能够做到上述几个方面，严格恪守法律红线，则股权类众筹可能会避开非法集资类刑事或行政类法律风险。

（3）回报类众筹如何避开刑事法律或行政法律风险

相对而言，回报类众筹是法律风险最小的众筹模式。但是如果回报类众筹不能够规范运作，使融资方有机可乘发布虚假信息，则可能触碰集资诈骗的刑事法律风险，若未达到刑事立案标准，则可能构成非法金融类行政违法行为。

为了避免上述法律风险存在，回报类众筹需要注意不要碰以下三条法律红线。

第一条法律红线：严格审查项目发布人的信息、相关产品或创意的成熟度，避免虚假信息发布。

第二条法律红线：对募集资金严格监管，保证回报产品按约履行。

第三条法律红线：众筹平台不要为项目发起人提供担保责任。

如果能够做到上述几个方面，严格恪守法律红线，则回报类众筹可以避开非法集资类刑事或行政类法律风险。

（4）捐赠类众筹如何避开刑事法律风险

捐赠类众筹如果规范运作的话，不存在任何法律障碍。但是如果被虚假公益项目信息发起人利用，则可能触碰集资诈骗类刑事法律红线。

为了避免上述法律风险存在，回报类众筹需要注意不要碰以下两条法律红线。

第一条法律红线：严格审查项目发布人资格、信息，公益项目的情况。

第二条法律红线：对募集资金严格监管，保证公益类项目专款专用。

如果能够做到上述几个方面，严格恪守法律红线，则公益类众筹可以避开集资诈骗类刑事法律风险。

2. 玩众筹如何避开民事法律风险

众筹还存在诸多的民事法律风险，为了避免不必要的民事法律争议，在众筹模式设计及具体的交易流程设计上，要关注每一个细节，把每一个细节用一个个法律文本固化下来，避免约定不明发生争议。

作为众筹平台，应当设立好众筹规则，参与者必须遵守众筹规则，相关各方与众筹平台应当有一份比较完整的协议，这个协议如果在线上完成，则运用电子签名方式进行，平台应做好流程及文档管理。

对于需求双方，就具体的债、股权投融资应做好具体协议的签署工作，如果在线上进行的话，可以电子签名方式进行，平台应保管好整个电子文档备查。

对于众筹过程中发生的股权代持问题，一定要签署好股权代持协议，对股权代持的有关问题进行详细的约定，避免争议。

作为众筹结构中的三方，投资方、平台及需求方（众筹发起人），应各自明确责任，根据各自在交易中的地位签署相应的法律协议。如果众筹结构中因需要涉及更多的第三方（如资金监管方、担保方），应根据其在众筹中做好权利义务的协议安排，明确权责。

如果能够在众筹中做好以上几个方面，众筹可能会避免不必要的民事法律争议，从而有效地避开民事法律风险。

法律援助：众筹需要什么样的法律援助

众筹需要什么样的法律援助？概括起来，主要有这样几个方面。

1. 原则监管和规则监管

总体来看，未来对于众筹的监管可能会从以下几个方面进行规范：

第一，实施众筹平台市场准入制度。具体的做法可以是设置一定的条件，采取备案或许可制，使符合条件的众筹平台从事众筹业务。

第二，规定众筹发起人的资质与责任。为了保证众筹项目的规范运作，会对众筹发起人做出严格的约束。

第三，对投资人人数及投资额度做出规定。为了避免众筹风险给部分投资人带来的损害，未来会对众筹的投资人的数量及投资额度做出严格规定。

第四，对众筹募集资金数额和次数做出限定。为了避免众筹融资风险，未来会对众筹发起人募集资金的数额与一个年度内募集次数做出规定。

第五，对众筹规则和流程做出明确规定。为了监管众筹流程，未来会对众筹的规则及流程进行明确规定。

第六，对众筹各个主体的权责做出明确规定。为了进一步实施和强化众筹过程监督，未来会对众筹各方的权责关系做出明确规定。

总之，未来众筹一定会规范，会受到监管。规范与监管使我们可以清楚地看清合法与非法的界限，以及规范众筹与非法众筹的区别，培育良好的众筹市场，这更有利于中国众筹长期健康的发展。

2. 监管主体地方化

众筹融资实则系普惠金融，在多层次资本市场体系中处于“草根”的序位，投资人以小额投资的普通人为主，项目发起人一般为小型、初创企业或者某些领域的创意项目所有人。在不违反法律的禁止性规定和国务院在授权时的限制性规定的条件下，在立法、行政抑或司法方面都被赋予一定合理程度的“先行先试”的权利。对于众筹融资更是如此！

（1）“先行先试”，实现众筹融资监管主体地方化

要在合理范围内大胆“试错”，勇于突破现有部分法律法规的规定，利用各种平台优势为股权众筹的中国本土化开辟一块试验田，制定一批“接地气”的地方性法规。比如，以证监会出台监管政策为基点，结合地区实际设计更为宽松的投资人资质条件，更为高效便捷的信息披露制度，更为完备的众筹融资主体监管方式。

（2）监管主体要“接地气”

建立由地方政府金融主导的地方金融监管体系框架，已成为当前国内金融监管的发展趋势，在不撇开中央监管部门负责指导性规则的指定、风险监测和预警的前提下，可以结合“先行先试权”的政策条件，

将对众筹融资的金融监管权限部分下放。

（3）参考注册发行豁免制度设计投资人资格条件

在中国现行法律体系下立即突破《证券法》《公司法》在股东人数限制并不现实，一方面要吸收投资人资格限制的制度经验，另一方面要保持原有法律在股东人数上的限制，即便是在修订中的《证券法》，也难以做到太过突兀的转变。不过，虽然众筹融资投资居多，但对投资人资格限制仍应避免保守，否则新规或又将成为阻碍股权众筹发展的绊脚石。

（4）针对众筹融资特性建立简易信息披露制度

众筹融资的特性在于成本低、便捷，如果信息披露制度过于烦琐，必然丧失初衷。我国《证券法》对证券发行的信息披露制度早有规定，“发行人、上市公司依法披露的信息，必须真实、准确、完整，不得有虚假记载、误导性陈诉或者重大遗漏”，该规定是纲领性的，不同金融工具的发行则按照不同程度的披露要求开展。据此，为众筹融资单独制定简易披露规则不但十分必要，并且不违背我国证券业的监管传统。

3. 参考美国《众筹法》

2013 年年末到 2014 年年初，美国和加拿大都实施了一系列重大的关于众筹的监管措施。特别是美国和加拿大的部分省份对投资融资取得了重大的实际进展。我们完全可以借鉴它们的一些做法。

（1）不可忽视的 SEC（美国证券交易委员会）试行规则

美国证券交易委员会对众筹融资拟建了一些规则，并且这些规则将于一年后生效。这项规则为美国证券交易委员会进一步实施《JOBS 法案》提供了便利，《JOBS 法案》的生效标志着众筹融资在美国的合法化。拟议规则公众意见征集到 2014 年 2 月 3 日结束。

美国证券交易委员会一直在努力打造一套能尊重众筹灵活和民主特性的规则（众筹对非常小的企业以及早期创业公司是很有吸引力的），同时为避免消费者和投资顾问担心众筹融资的过分滥用和欺诈而实施一些重大的监管措施。

（2）SEC 试行规则的关键特性

①公司在一年内通过众筹融资的最大的总金额不得超过 100 万美元。

②若公司一年内通过众筹募集到的资金不超过 50 万美元，他们需与他们的投资者共享财务报表和所得税申报表；若公司筹集资金超过 50 万美元，他们将有义务向投资者提供经过审计的财务报表。

③若投资者的年薪或净资产值小于 10 万美元，他们将获准投资的最高额度为 2000 美元或者是年薪或资产净值的 5%（以一年内较高者为准）；若投资者年薪或净资产等于或大于 10 万美元，他们将获准投资最高额度为年薪或者净资产的 10%（以一年内较高者为准），而投资的最高总额为 10 万美元的证券。

④若公司想要进行融资，必须提供美国证券交易委员会的部分信息文件，而相关的中介可促进融资发行以及发掘潜在的投资者；个人融资将通过注册代理或者融资平台（门户网站）等进行线上操作。融资平台必须在美国证券交易委员会注册登记，而非美国众筹平台经现场检查后才能在美国证券交易委员会注册登记。

这项试行规则还包括一系列的众筹平台注册登记制度，这将会同美国金融业监管局合作制定。

可以看到，美国对于众筹的监管不久就会拉开帷幕。那么，中国式众筹监管的方向在哪里呢？或许可以从美国众筹的《JOBS 法案》中得到一些启示。

4. 中国未来的立法方向

如果说2013年是互联网金融元年，那么2014年则一定属于互联网金融的规范年。自2014年后，央行逐渐加大了对互联网金融的监管力度。基于互联网金融的不同模式，确定了分类监管的原则。据了解，P2P归属于银监会监管，而众筹则归属于证监会监管。

如今，如何对炙手可热的互联网金融进行监管，已经成了业界头疼的话题之一。自律可能仍是未来互联网金融监管中重要的原则之一。2014年4月4日，由央行牵头组建的中国互联网金融协会已正式获得国务院批复。该协会由央行条法司牵头筹建，旨在对互联网金融行业进行自律管理。

中国互联网金融协会是央行的一级协会，较此前央行下属中国支付清算协会成立的互联网金融专业委员会级别更高。值得注意的是，该协会还邀请了基金公司等传统金融业机构加入，覆盖面很广。

2014年3月下旬，央行条法司已经发函给多家知名互联网金融机构，邀请其担任中国互联网金融协会发起人。组建全国性的行业协会，在政府的指导下，充分发挥行业自律作用，是当前互联网金融领域的重要任务。成立中国互联网金融协会是央行此前设立的互联网监管五个原则之一，旨在充分发挥行业自律管理作用，推动形成统一的行业服务标准和规则。另外四个原则是：互联网金融创新必须坚持金融服务实体经济的本质要求，合理把握创新的界限和力度；互联网金融创新应服从宏观调控和金融稳定的总体要求；互联网金融应切实维护消费者的合法权益；互联网金融应维护公平竞争的市场秩序。

第八章

发展趋势：未来众筹的多种玩法

众筹

趋势一：众筹将成为未来互联网金融的夺宝奇兵

这几年互联网掀起一股金融潮，除了互联网巨头与传统金融机构合作之外，还兴起了一批为解决个人或小微企业投资、贷款、创业而诞生的互联网金融平台，如P2P网贷平台、金融搜索平台、众筹平台等。如果说2013年是P2P网贷最风光的一年，那么2014年互联网金融最火的领域便是众筹平台。

众筹相对于P2P来说，确实还很年轻，其规模包括它的接受程度，差得还比较远。要达到P2P这样的规模，或者说一年之内有几百家出现，规模有几个亿，还需要很长时间。但是众筹的发展空间特别大，互联网追求的不光是现在做什么，关键是要看将来做什么。众筹在这个大概念下，可以做很多事情。

众筹对每个普通人的改变将会很大，它不仅仅是互联网金融的第三浪潮，更改变了人们的生活。

众筹不仅让创业者的工作生活更方便，更让消费者有了更多的乐趣、创意和自我实现的感觉。因为，买别人的东西，你预付款众筹，在成就别人的时候你自己也可以享受，你在参与他的智慧的时候你觉得自己也很有成就感。所以如果在将来给予众筹更大的发展通道和空间，尤其是基于手机网络可以上网参与众筹的话，可能会改变我们的生活，让我们每时每刻都可以参与众筹。

众筹成长如“雨后春笋”！根据《福布斯》杂志的数据，截至2013年第二季度，全球范围内的众筹融资网站已经达到1500多家，而国内也有一批众筹平台正在成长。资料显示，国内的众筹网站多集中在出售产品、公益活动以及出售门票等，主要为出售产品的“预售+团购”模式，如点名时间、追梦网、创意鼓、众筹网等，还有针对中小微企业及其项目提供创业投融资服务的股权众筹平台，如天使汇、大家投、追梦网、人人投、51资金项目网等。至于众筹模式的平台数量，在2013年年底已有16家。

数据显示，2011—2013年，我国互联网金融领域共发生90起投资事件，涉及企业78家，其中约有40家企业为天使投资或首轮融资。从时间序列来看，2013年，我国互联网金融行业投资出现爆发式增长，相比2012年投资案例增长64%。

值得注意的是，互联网巨头也看好众筹模式，甚至已经开始投入。此前，阿里巴巴推出的“娱乐宝”，就被业内称为“保险的外衣，众筹的内核”。其实，众筹可以实现跨领域的多种合作。近期，百度金融推出众筹拍电影模式，将在运行规则、服务模式等方面完成业内多个首创。

众筹主要的不是集资，是一种筹智慧，是一种人脉的集聚，是一种智慧、知识的集聚。众筹就是一种学习的过程，是一种吸取知识的过程，是一种文化，最能体现东方文明，最能体现中华的儒家思想文化和哲学，是具有生命力的，肯定具有未来的发展前景。

趋势二：传统产业因众筹产生裂变

通过众筹实现梦想的例子不胜枚举，只是在少数人之间流行的众筹模式，似乎正在蔓延到各个领域，并对各个领域都进行着颠覆和重塑。

1. 众筹联姻小微企业

根据《小微金融发展报告2014》，现阶段商业银行仍然是小微企业的主要融资渠道。但我国许多地区民间资金与小微企业之间有着“两多两难”的结构性失衡问题，许多小微企业拥有着核心技术和创新能力，由于商业银行难以逾越的准入门槛，很难从银行和资本市场融资，就无法转化为现实效益。

在很多人的固有思维里，煎饼果子是街头不起眼的小行当，可是在北京寸土寸金的CBD（中央商务区）核心区，有一家十多平方米的煎饼果子店“黄太吉”，13个座位，煎饼果子能从早卖到晚，一到饭点，来就餐的人更是排着长龙，而且还有专门打车、开车慕名而来的。吃煎饼果子成了一种时尚。

就是这样一家小小的煎饼果子店，却创造了微博3万多粉丝、在天使汇上挂牌10天完成300万元融资，被风投预估价值4000万元的行业神话。可以说，“黄太吉”通过在天使汇众筹平台融资到的300万元，为其发展注入了第一桶金。

众筹模式打破了投融资双方信息不对称的瓶颈，使资金需求方和提供方的信息公开透明，成为小微企业融资的桥梁和新渠道，从而降低了小微企业的融资成本。

在线众筹的模式，同时激活了民间资本的活力，在建立多层次资本市场的趋势下，小微企业将会有多元化的融资渠道。

2. 众筹与科技："1 +1 >2"

身处北上广深的居民们早已饱受打车难之苦，在高峰时段路边打车是一件极为困难的事。而出租车司机也不愿意搭顾客去目的地拥堵的地方，顾客还经常会遭遇"拒载"。社会一直都没有缓解出租车行业打车难的有效办法。

> 2013 年 9 月，智能招车软件"滴滴打车""快的打车"等软件开展了"烧钱大战"。通过软件叫车，出租车司机和顾客都可以获得金额不等的补贴。传统的出租车模式得到了改变，在市场上的影响力正在持续发酵。智能招车软件已经在打车领域基本完成了移动支付的"跑马圈地"。
>
> 其实，推出"滴滴打车"这款风靡各城市的打车软件的北京小桔科技有限公司，最初的融资是通过互联网众筹完成的。2012 年，北京小桔科技有限公司在中关村成立，开发出"滴滴打车"。软件于 2012 年 9 月 9 日正式在北京上线，此后便与正在火热发展的移动互联网行业相互交融，激发创新灵感。
>
> 帮助"滴滴打车"迈出创业第一步的网络平台就是"天使汇"，2013 年，"滴滴打车"在这一平台上完成了 1500 万元的融资。

正是通过众筹获得的资金支持，保证了"疯狂烧钱"的市场策略得以顺利实施，让“滴滴打车”智能招车软件的开发者小桔科技这家默默无名的创业公司最终成为出租车市场份额最大的公司，并且用互联网改变了传统打车。

对于出租车司机，可以用软件降低空驶率、优化出车效率；对于顾客，相当于有了专车。人们都习惯了这种消费模式。这对行业来说是颠覆性的。

趋势三：垂直众筹平台将成为未来潮流

垂直电子商务与多元化电子商务是电子商务的两种模式。其中，垂直电子商务是指在某一个行业或细分市场深化运营的电子商务模式。垂直电子商务网站旗下商品都是同一类型的产品。这类网站多从事同种产品的B2C（Business to Customer，企业对用户）或B2B（Business to Business，企业对企业）业务。

未来，垂直众筹电子商务平台将兼顾规模化低成本和个性化定制两个极致的客户需求，并且从资本众筹和劳动力众包两大生产要素入手，大幅降低成本，提升效率，同时重构扁平化、透明化、碎片化的行业资源整合平台，进而全方位超越传统的垂直电子商务平台。

可以预见，在不远的将来，“人人出资，人人参与，人人创造”的众筹模式将由少数前沿人士的尝鲜行为变成不可阻挡的社会主流，包括文化事业在内的更多传统产业，也将借助互联网众筹平台轻松跨越资金成本及劳动力募集的高门槛。

趋势四：未来中国股权众筹突破之路

与P2P、第三方支付等其他互联网金融的火热相比，众筹一直处于不温不火的状态，由于容易一不小心踩到非法集资的地雷，所以非刚性需求的众筹平台一直在徘徊等待中前行，但在没有明确监管政策出台之前，仍有少数“试水者”勇于做吃螃蟹的第一人。

在清科集团与众筹网联合发布的《2014年上半年中国众筹模式统计分析报告》中显示，国内外互联网金融的投融资事件主要集中在网贷领域，在上半年只有两家众筹平台得到融资，一家是股权众筹的天使汇，另一家是接受1000万元的游戏众筹网站摩点众筹，与数十家的融资规模相比，现在国内的众筹平台显然难以打动投资人的心。

股权众筹一般是这样的：投资者通过出资入股公司，来换取该公司一定比例的股份，也可以说是互联网化的私募股权。现在国内众筹最普遍的是合投机制，由专业投资人对某个公司进行领投，再由普通的投资客进行跟投，然后双方出席董事会，对投资项目进行投后的管理工作。

股权众筹的优点在于通过直接搭建融资方的中小企业和投资方的大量小微天使，既解决了传统融资方式中大量隐藏成本的融资贵问题，又能有效激活普通民众的投资愿望，拓展投资渠道。但是股权众筹发展的最大障碍是非法集资的红线，对此上海甬朗科技首席执行官高浪向速途网表示：“非法集资的红线是绝对不能碰的。”当被问到如何规避非法集资的红线时，他表示：“只能控制单个项目的融资人数。”

作为一种新兴的融资方式，国外众筹网的发展迅速，众筹融资在国内的发展时间不长，很多网站都是在照搬国外的模式，如何让众筹网站在本土开花结果，还要根据国内的情况而定。作为国内众筹网最有发展前景的代表，股权融资未来该如何发展呢？

1. 把金额做低，门槛变低

股权投资一贯是“高富帅”的专利，而股权众筹是可以面对“小白”用户的。通过股权众筹的形式，把投资人和创业者撮合起来的平台，在这个类似红娘的平台上，创业者可以获得创业资金，如果创业成功，投资人就可以获得投资回报。“人人投”的口号便是：草根天使投资放心、实体店铺融资省心的众筹平台，小的项目 2 万元就可以起投。

只有把投资门槛放低，才能吸引更多对创业投资有兴趣、对创业企业有帮助有资源的投资者。这是创业者的福音，也是“庶民”狂欢的机会。

2. 做体验，尊重小白用户

股权众筹要想得到发展，就应学习余额宝，基金投资门槛低还不够，还得做到高收益，做到风险更低，体验更棒，同时最好要有实体店投资项目。

小白用户并不容易，他们很挑剔。以余额宝为例，即便投资门槛低至 1 元起，收益率还得稳定，产品体验还要做到极限。只有尊重小白用户，用户才会埋单。余额宝的规模迅速突破了 1000 亿元，而在中国十多年基金历史上，同等规模基金从未出现。

做股权众筹，一定要充分考虑小白用户的意见，为他们挑选足够优质的企业。

3. 建立信任感

要想做让投资方和项目方都信任的第三方平台，要做到的有很多，比如投资人的钱是否有第三方支付平台保障，能否确保资金安全。项目的质量到底怎么样？有没有资质？投资方的钱最后投资到哪了？有没有一套监控系统？都是现在股权众筹所应确认的问题。

4. 解决信任问题

众筹融资平台能否持续发展，其赢利模式仍在摸索中。作为项目融资的载体，众筹融资平台目前的创收渠道在于向项目发起方收取一定的服务费，通常是项目融资额的4% ~10%。而为进一步增加投资人、创业者之间的信任度，国内众筹融资平台通常采取实名制注册、信用累积或打分、资金第三方托管及分批次划拨投资资金等方式“加固”双方信用。

趋势五：文化创意产业将因众筹大放异彩

文化创意产业经过几十年的发展，在社会经济发展中的重要性日益突显，其发展规模和创新已经成为衡量一个国家或地区综合竞争力强弱的重要指标。

1. 当众筹遇上明星

娱乐带来的力量一直都是毋庸置疑的。韩剧《来自星星的你》的热播，除了剧中人物成为大家心目中的偶像外，连啤酒炸鸡都受到粉丝的追捧。究其原因，就是粉丝希望能够更近距离地接触明星、体验他们的生活。而现有模式下，开演唱会、签名会等途径远远无法满足粉丝追星的愿望。

2013年10月8日，“NA world 那世界”那英全球巡演主题发布会在上海举行。此次“亚洲天后”那英的全球巡演城市除了第一站和第二站分别确定为南京和广州外，其余包括深圳、杭州、青岛、北京等城市的先后顺序，均由粉丝的支持力度决定。届时，粉丝登录众筹网，为目标城市众筹演唱门票，哪个地方众筹的额度高，那英全球巡演的下一站就将首先落地哪里。

利用众筹模式众筹演唱票，这在国内尚属首例。准确地说，这是一种营销宣传而非筹措资金。以那英的知名度和粉丝数量，不需要众筹也可以开演唱会。但是通过众筹模式让歌迷决定演唱会的下一站，不仅能让那英全球巡回演唱会的主办方准确地把握市场风向标，清晰地看出地区市场的热度，还可以通过这个权威平台进一步发酵本次活动的影响力。

众筹的雏形就是基于“粉丝经济”。而现阶段众筹和娱乐业结合，在粉丝经济、眼球经济的年代，保持与粉丝互动，让广大的粉丝参与到产品中来，是每一个产品经营者的首要工作。将目光投向明星经纪，可以使众筹平台逐渐成为娱乐产业合作的标配伙伴。

2. 传统媒体尝鲜众筹出版

在传统出版的产业链中，出版社处于强势地位，前端对应作者，后端对应印刷、发行和读者各环节。对作者而言，出版社是唯一的垄断性出版单位，而对印刷厂而言，出版社的订单决定了其生存。左手握着内容版权，右手握着印刷订单，出版社处于主动又核心的位置。

随着互联网技术的迅猛发展，催生了数字出版。数字出版利润空间大，生产快、上市快、销售快、再版快，省去了仓储、运输和陈列图书的费用，加速了书籍生产的资金周转和资金利润率的提高。

中国的图书品种2011年就达到了37万种，位居世界第一，成为名副其实的“世界第一出版大国”。但是，中国也是“世界第一库存大国”，书的品种越来越多，但销售量增长非常缓慢，大量的书都留在了出版商的仓库里。可以说，数字出版很大程度上撼动了传统出版业。但传统出版业如何适应互联网时代的发展，转型之路在何方？

2013年12月17日，《清华金融评论》杂志宣布，将在发行环节采用众筹模式。由此，其也成为首家采用众筹模式发行的财经杂志。《清华金融评论》采取众筹预售的发行模式。距离最初上线时间仅36小时，刚刚创刊一期的《清华金融评论》已经筹得3万元。作为回报，用户不仅能获得杂志，还将有机会亲身参与杂志内容撰写和清华大学五道口金融学院一系列的活动。

众筹，这个在互联网金融领域火热的名词也成了传统出版业的热门话题，给正在寻找改革转型之路的出版业打开了一扇门。对于出版方和大众群体，众筹是双赢的模式。出版行业采用众筹模式，不仅可以帮助出版商提前预测市场风向标，对发行量有个大致的估计，同时还可提前获得资金，帮助上线书籍做好相关营销，为书籍后续影响力的爆发提前做好铺垫。

对出资人而言，众筹给了读者一种荣誉感……他不仅仅是购买了一本书，而是帮助一本有价值的图书完成了出版发行，并推动其成为潮流，同时还可以获得价格优惠。

众筹模式形成的作者与读者、出版社与消费者的互动更直接，交互性更强，用户的黏性也更强。众筹模式使出版方、平台方、读者三方合作，风险共担、利益共享，这甚至颠覆了传统电商卖书的销售模式。若众筹模式充分发达，还可实现直接把新书发给提供启动资金的读者，绕过实体书店和网络书店等中间环节，出版成本会下降，书价也会降低。在传统媒体面临转型压力之下，这种发行方式不失为一种降低出版风险的创新。

3. 众筹搅动电影业的支点

伴随着移动互联网的崛起，手机、平板电脑、互联网电视、电脑多屏时代来临，在线播放成为院线之外电影播放的新渠道。以“网络院线”为核心的互联网影视行业强势崛起。它凭借对用户的精准定位和对市场的迅速反应，正在试图颠覆传统电影业。一边是海水，一边是火焰，正是传统电影业和互联网影视行业的鲜明写照。新一代消费者习惯通过互联网接触内容、渴望参与其中。可是，互联网电影的高点击率如何转化成线下影院的高额票房？

根据寒舞同名漫画改编，并由同名动画片原班人马打造的《十万个冷笑话》宣布，其电影版将于2015年1月8日登陆全国院线，加入新年档的票房大战。《十万个冷笑话》是时下在网上颇有人气的国产原创动画短片。片方现场还公布了《十万个冷笑话》大数据视频：原版漫画15亿次网络点击，7300万完整阅读人次，动画超17亿次观看，平均单集点击9000万人次。

《十万个冷笑话》同样选择了众筹的方式来募集资金。从2013年3月28日在点名时间上线电影版众筹项目后，到8月23日总共约5个月，共筹集资金137.3474万元，参与人数5533人。

项目发起人设定的五花八门的“回报”打动了支持者。《十万个冷笑话》主创将所有支持者都称为“微赞助商”，所有剧情探讨都会征求“微赞助商”的意见，“微赞助商”会成为所有角色的微投资人。

其最低一档支持金额为32元，可获得影片DVD（数字通用光盘）一套及影片官网的点名感谢；选择62元一档的支持者，可以获得原价80元的首映日电影票一张及片尾字幕致谢；提供金额在1000元以上的支持者，可以和主创探讨剧情，提出修改意见和建议；提供1万元的支持者，能让自己的影像出现在影片片头；提供3万元的支持者，则能为片中的龙套角色配音。

互联网将为电影带来一张基于大数据的民意调查网。电影工作者可以与消费者直接对话，电影中的一句话、一个情节都可以根据民意来创作，创作者可以借此实现创意验证和再创意。通过互联网众筹，可以精准地定位客户，直接引导粉丝观看预告片、评论互动及在线购票。“微投资大片、选明星演角色”也极大地激发了网民的兴趣，同时为青年导演提供了成长平台，可提升观众参与感，有利于线下院线的发展。

在互联网思维模式冲击之下，众多传统产业都难逃被瓦解和超越的命运。众筹模式的产生，带来了巨大的商业蛋糕，不断点燃着中国传统行业改造、创新等各方面的激情，潮流不可阻挡！

趋势六：微筹、云筹的未来遐想

1. 微筹

深圳市前海微筹互联网金融服务有限公司成立于2014年6月，位于深圳前海，注册资本1000万元。旗下拥有一家众筹购物网站：一元云筹。

一元云筹于 2014 年 7 月上线。

一元云筹是一家新型的一元众筹购物网站；是一种互动购物体验方式。

一元云筹以“快乐众筹，让梦想照进现实”为宗旨，力求打造一个公平公正、集娱乐与众筹一体化的新型购物网站。随着互联网的发展及网购消费模式的多样化，一元云筹立志成为互联网新时代购物网站中的佼佼者。

一元云筹将单个商品的使用权均分为以 1 元为单位的若干份出售，以众筹购物的方式出售手机、电脑、家电、化妆品等各式商品。

（1）关于云筹购物

通过一元云筹将有共同爱好的人群聚集在一起；通过云筹购物，每件商品投入 1 元，即可买到一份额商品的使用权，并被赠予一个“云筹码”，每件商品可多次参与，参与次数越多，获赠“云筹码”越多，获得商品概率越大，当然，也可以一次购买多个份额使用权并获赠相应多个“云筹码”；每件商品设有所需参与人数上限，只要参与人数达标，系统即会随机抽出一位“幸运云筹码”拥有者，由这位幸运者获得这件商品。每个人都有机会在投入 1 元的成本下获得商品。

（2）一元云筹规则

每件商品参考市场价平分成相应“等份”使用权，每份 1 元，同时每 1 份赠送相对应的 1 个云筹码。

同一件商品可以购买多次或一次购买多份。

当一件商品所有“等份”使用权全部售出后，按计算规则计算出“幸运云筹码”。“幸运云筹码”一经计算出，该商品的其他参与人按照约定规则视为将自己所购买到的份额使用权无偿赠予“幸运云筹码”

拥有者，使“幸运云筹码”拥有者获得此商品的完整使用权。

(3) 云筹码计算方式

取该商品最后购买时间前网站所有商品100条购买时间记录（限时揭晓商品取截止时间前网站所有商品100条购买时间记录）。

时间按时、分、秒、毫秒依次排列组成一组数值。

将这100组数值之和除以商品总需参与人次后取余数，余数加上10000001即为“幸运云筹码”。

2. 云筹

云筹是创业津梁打造的天使投资股权众筹平台，于2014年5月上线。创业津梁是华南地区最有影响力的天使投资与创业孵化平台，服务于5000多名创业者，孵化了20多个创业项目。

①“云筹”这个名字似乎将现在流行的云计算、云架构、云安全以及股权众筹集为一体。众筹是草根精神、民主意识、分享观念在高大上的股权投资领域掀起的一场运动，正在席卷科技创新、文化艺术、私人定制等众多领域；

②运营“云筹”平台的公司注册在深圳前海，名为“深圳前海云筹互联网金融服务有限公司”。能够把“互联网金融”作为公司的业务进行注册，不能不说是一个创举。

前海号称特区中的特区，金融创新可谓雨后春笋，金融布局也是如火如荼。据报道，腾讯在前海也已成立多家公司，主要是互联网金融，总注册资金约为16亿元，未来腾讯在前海的投资不会少于100亿元。平安陆金所也开始布局前海，将从P2P向第三方理财产品线扩大，欲开拓针对个人投资者的产品线……然而在所有入驻前海的公司中，“云筹”应该是前海第一家，乃至中国第一家以“互联网金融”作为业务内容注册的公司，打响了在前海注册“互联网金融”的第一枪！

③“云筹”平台利用前海的一系列互联网金融扶持政策进行金融创新，通过云平台架构，在云端筹款，利用云端的第三方托管和安全监控，打造一个跨区域的云端众筹平台，并开展股权转让、资本托管、风险担保一系列金融衍生服务。

对于创业者而言，通过云筹平台成果融资后，创业者将会得到专业的创业孵化服务，在战略定位、产品设计、模式优化、市场细分、赢利模式等方面也会得到指导，创业成功的概率也会增加。对于投资人而言，由于云筹的云架构，投资人异地投资不是梦。再加上专业的投后管理、创业孵化机构，投资人投资后也会更加省心，投资风险也会降低，投资的回报也会增加。

面对天使汇、大家投、爱创业、爱合投、众筹网、好众筹……云筹能否成为互联网股权众筹平台里的新标杆，尚需时日观察。

趋势七：众筹走向服务化

奖励类众筹代表点名时间与股权类众筹一哥天使汇在 2014 年上半年不约而同地撕下了自己的众筹标签，反复强调自己不是众筹。而新晋出世的股权众筹平台也给自己冠以了“云筹”的新称谓。

其实，这样的变化与 2014 年下半年将出台的众筹监管细则有关。尤其是股权类众筹，很怕被未来监管中的股东人数限制、募集资金限额等规则束缚住手脚。“去众筹化”的确有避开那“温柔一刀”的意图。但更重要的是，众筹平台真的到了进化至新一阶段，向综合化服务转变的时候了。例如，点名时间就为优秀项目提供项目包装、媒体公关、投资人推荐、渠道对接等一系列的定制服务。

云筹网也是注重于对平台上的项目提供一整套投后孵化服务，持续扶持项目成长。大家投更是宣称要“翻开新的篇章”，引入六大机制：项目整合机制、估值市场化机制、领投人与跟投人制约机制、投后管理机制、退出机制、风险补偿机制。

各家众筹平台都不再局限于单一融资环节，纷纷延伸服务链条。这不仅仅是抓住了创业项目方的需求，有利于保障投资人的利益，对众筹平台本身也是打破赢利模式桎梏的最好尝试。服务综合化无疑是未来一段时间众筹行业最重要的趋势。

在众筹发展看似一片繁华的背后，其实也存在着一些还未企及的地方。最明显的表现就是，创业者虽然可以利用众筹模式开始自己的创业之路，但开始并不意味着一定就会有好的结果，也就是说，众筹并没有能够对这些创业者进行一体化的服务让其真正的发展壮大。

对于创业者来说，拿到启动资金只是创业开始的一小部分，后续的创业指导、培训才是至关重要的，尤其是在众筹上创业者大部分都是初次创业的情况下，市场刚需决定众筹平台绝对不能仅仅是一个众筹项目的展示平台，而必须是一个给创业者提供整合服务的一体化服务平台。

不过，众筹平台已经有了类似的意识，众筹网推出的众筹大学其实就是一个服务平台很好的展示，但就目前的情况来看，可能还是比较浅层。未来的众筹平台，很可能是在一个网站后面隐藏着一个类似于“创新工厂”，给创业者提供孵化作用，只有这样似乎才能真正地体现出众筹的价值。

因筹而生，众筹所隐藏的商业价值或许远远不止你我看到的那样，而这恰恰是众筹本身的魅力所在。众筹在未来究竟会出现怎样的玩法，或许可能还要发挥大家的想象，但无论如何，众筹给整个互联网行业甚至国计民生带来的影响都将会是颠覆性的。

趋势八：发展中国家是未来众筹的蓝海

很多人一直都在期待一份众筹领域的思想领袖和专业研究者联合出品的（由世界银行发布和资助）报告。如今，这份标题为“发展世界中的众筹潜力”的报告已经面世。

报告引用2008年金融危机作为众筹——特别是美国的股权众筹兴起的主要催化剂之一。在这次危机爆发后，传统资本规模限制了生产力，衍生出更加强烈的资金需求用于发展新的产业并扩大已有产业。

在报告里提到的众多值得一提的事实中，有一组数据特别有趣：美国有344家众筹投资平台，活跃平台数量在世界处于领先地位。英国拥有87家，位列第二，法国则有53家，位列第三。很显然，私募市场对于更好地促进交易达成，准备越来越充足。

在整个报告中的另一个重要主题是，帮助形成有潜在投资者广泛参与的健康众筹体系这一过程中信任度和透明度的重要性。根据该报告，众筹的定义是“一个社会化调剂的结果，在很大程度上依赖于人们对社交网络、社区关系以及其他人对可信的主流网站的评价等信息共享的出于本能的信任”。

投资者之间的信任是很重要的，投资者和平台之间的信任也同样重要，这是所有类型的众筹平台每天都需要面对的挑战，因为它们要为需要资金的人吸引大众的投资。

这篇报告有 104 页，行业参与者和真正的众筹爱好者可以通过阅读整个报告受益。它深入介绍了这一领域的社会思潮，以及众筹在促进发达国家和发展中国家的公平竞争方面的潜力。

那些想要采用众筹的国家不仅需要创造可执行的政策，在某些情况下还需要处理现行阻碍众筹进入的政策法规，管理乃至关闭现有的商务经营。例如，在许多发展中国家，商业实体的合并或解散程序过于官僚化、费时和昂贵。

众筹市场现在处于婴儿期，尤其在发展中国家，但是潜在市场是巨大的。据估计，在发展中国家有多达 3.44 亿个家庭可以对社区商务进行小规模的众筹投资。这些家庭的年收入至少有 10000 美元，拥有至少 3 个月的储蓄或者 3 个月的股权资本储备。到 2025 年，他们有能力一起构建每年 960 亿美元的众筹投资规模。

最大的潜在机会在中国，市场规模可达 500 亿美元。其次是东亚其他地区、中欧、拉丁美洲、加勒比海地区、中东和北非地区！

第九章

典型案例：国内众筹发展案例

众筹

大学生开发3D打印机

3D打印机的成功开发，是许昌学院信息工程学院重视大学生创新能力培养的体现。该院以各类创新创业、学科竞赛活动为载体，以信息工程学院大学生创新创业孵化器为依托，组建了物联网技术开发等8个团队，为大学生科技创新创建了环境，营造了氛围。

3D打印技术是一项新兴技术，其实这项被人认为的“高大上”的技术离我们并不遥远。2014年11月，许昌学院信息工程学院创新创业孵化器的三位大二学生经过认真刻苦钻研，成功开发出一台3D打印机。

位于信息工程学院楼6楼的大学生创新创业孵化器就是这台3D打印机的诞生地，该孵化器是信息工程学院搭建的一个平台，主要是为了提高学生的创新创业能力。宋航航、曾仁杰、常元检三人是在2014年5月经选拔进入孵化器物联网技术开发团队的。之后，他们结合所学的专业知识，积极关注业界前沿技术动态。

当他们了解到3D打印技术的应用前景后，便想利用3D打印技术做一些设计。可是，市面上的成品3D打印机很贵，最便宜的也要4000元，高昂的价格使他们望而却步。在进一步了解了3D打印机的原理后，他们便萌生了自己研制3D打印机的想法。

他们的想法得到了学院的大力支持。之后，三人组成了3D打印机制作小组，在接下来的时间里，他们历经知识学习、购买制作零件、组装调试、编写打印程序、实物建模等环节，11月初，第一个作品——一个10cm高的罗马柱被完整地打印了出来，3D打印机开发成功！这台3D打印机的成本也就1000多元，打印效果却和市售4500元的商用3D打印机并无二异。

三人为自己定下的奋斗目标："在未来，3D打印技术的应用范围会更加广泛，将和我们的生活息息相关。下一步我们将对3D打印机进行技术升级，让打印机的速度更快、精度更高、操作更智能、性能更稳定。我们也希望通过将3D打印技术孵化成一个创业项目，去开设一家个性化定制式的3D打印创意公司。"

电影《我就是我》

其实，电影《我就是我》选择众筹模式并非因为缺钱，主要是为了摸底市场和营销。当时，不管是凑齐了500万元，还是1000万元，对整个电影的拍摄来说都是杯水车薪。对天娱传媒来说，此次众筹的最大的意义是帮助他们找到了大数据。

2014年7月，我国第一份众筹行业月度报告出炉。数据显示，在众筹网的1100多个项目中，有64个是影视项目。虽然数量不多，而且绝大多数还是小众独立电影或网络微电影。但是，《我就是我》在20天的时间里却依靠众筹的方式成功筹集到了500多万元，吸引了主流市场的注意。

7月25日，《我就是我》以纪录片的身份成功登陆内地院线。7月

29 日，这部众筹电影成功入围第 39 届多伦多国际电影节最高奖“人民选择奖”和“人民选择纪录片奖”，导演范立欣也受邀参加多伦多电影节公映与颁奖。

众筹这个看似对片方和粉丝都有利的“新鲜事物”，与极具人气的快男“粉丝电影”是如何结合在一起的呢？

2013 年 9 月 27 日，在快乐男声决战的时候，当大家都在关注赛果时，天娱传媒和众筹网却宣布：如果 20 天内筹到 500 万元，就让快男电影走进院线。当天，快男主题纪录电影的众筹项目在众筹网上线。值得一提的是，宣传语还表明，“20 天内筹集资金如果达不到 500 万元，该片就不会在影院上映”，到时候，纪录片只能作为内部资料保存，不会与广大粉丝见面。

粉丝当时之所以要出钱参与，主要原因就在于担心影片无法上映。因为粉丝们提供了非常给力的帮助，最后该项目提前达标，最终一共筹集 507 万元，获得近 4 万人次支持，创造了众筹人数最多的纪录。

《我就是我》这个项目，并没有在网站上列清楚 500 万元具体要用在哪些方面，拍摄、剪辑、发行、宣传、海报制作、预告片制作分别需要多少钱，都没有明细。筹集到的 500 多万元到底是用在何处呢？这 500 多万元分为两次发放给了片方：第一笔资金在电影正式上映时给出，第二笔资金则需要发起人将项目回报完全落实给出资者后才会发出。也就是说，统筹到的 500 多万元，并没有参与到任何的电影制作环节，仅仅是票房而已。

作为投钱参与《我就是我》众筹项目的粉丝，能获得什么权益呢？也仅仅是“电影票”而已：出资 40 元的网友，在电影上映后会获得一张电影票；出资 60 元的网友获得电影票和首映礼（其实就是观影后的见面会）入场券各一张；花 120 元的网友则可以获得电影票和首映礼入场券各两张，依此类推。

关于爱情保险的故事

2013 年 10 月 29 日，互联网上各大电商、品牌都在热炒“光棍节”，网信金融集团负责机构合作的静雯也很想为集团旗下众筹网的网友们做些事情。想到自己的幸福婚姻，她首先把“光棍节”和爱情联系在了一起，并从歌手陈升的故事里找到了灵感。

爱情保险在众筹网内部确定下来后，静雯便开始寻找合作伙伴。10 月 31 日，众筹网内部召开了联合市场、技术、宣传、客服等所有部门在内的骨干大会，将该项目确定为“双十一”的主推项目，并在 11 月 1 日设计出了产品的具体形态。爱情保险的概念刚一推出，平安保险与百合网就联合推出了主打光棍人群的“脱光险”，与爱情保险遥遥呼应，相得益彰。

从 10 月 30 日产生初步想法到 11 月 11 日上线，仅用了 12 天的时间，爱情保险就完成了一款保险从设计到投入市场的全过程，这在保险行业是从未有过的！

从 11 月 4 日开始，众筹网通过官网、官方微博、官方微信、线下发布会、线上预约等一系列的渠道对爱情保险进行了曝光宣传。比如，众筹网官网首页头图连续推荐；众筹网官网举办预约爱情保险送 29 元代金券，从预约用户中抽选送 520 元爱情保险卡的活动，该活动短短一周便赢得了近 3000 人的参与；众筹网官方微博也举办了“光棍节微爱行动”，转发爱情保险，赢北海道双飞机票、平板电脑等活动，在一段时间内“众筹网官方微博”关注度呈几倍增长。

另外，在爱情保险上线前，众筹网联合长安责任保险公司还举办了“爱情保险上线发布会”，以最快的速度向关注爱情保险的媒体、业界同人曝光了爱情保险的最新动态。爱情保险就像众筹网与长安责任保险公司联合空投的一颗原子弹，很快便在互联网、保险业界、网友中爆炸并迅速升温，引发了全网的连锁反应。

光棍节上线，不到一周的时间，爱情保险便完成了 1 万份的众筹计划，众筹成功。

“新闻众筹”平台

报人所未报，写人所未写，另辟蹊径地向公众传达你的见解，是很多有追求的媒体人共同的心声。但是，并不是所有你认为好的选题都可以出现在报端，那些没有出现在报端但却闪烁着创意火花的选题或许能通过众筹的方式获得新生。

新闻众筹是社会化互联网条件下的一种产物，是一种新出现的新闻生产与消费模式。

新闻众筹的基本形式是这样的：记者在众筹平台发布新闻选题，公开向社会筹措资金；然后，进行实地调查和采访，生产出新闻资讯；通过出售新闻资讯版权获得收入，投资人也可以同时获得收益，还可以获得免费的新闻资讯的阅读权限。

从目前来说，新闻众筹模式是新闻业的一个创新，不仅为资金短缺的新闻业开辟了一个新的资金来源渠道，还让受众通过提供资金的方式参与了报道。如果记者提交的报道计划能够从受众那儿成功地获得资金资助，说明他们的报道计划受到了社区成员的重视，他们会更加负责地开展工作；而从资助者的角度来说，他们出资的最大动因是为了公共利益。

2013 年 11 月 29 日，众筹网正式发布了国内首家“新闻众筹”平台，为各类媒体的娱乐、时尚、汽车、体育、房产、互联网等内容题材提供公众预筹资服务。我国新闻网、新京报、环球时报、南方都市报、周末画报等媒体高层出席了发布会。

任何项目，只要找对了结合点，都可以采用众筹模式。新闻众筹就为那些有想法、有追求的媒体人提供一个新的玩法。

“新闻众筹”登录众筹网，是国内首秀。在新闻和各种分析文章泛滥的现状下，真正优质的内容资源仍然是稀缺的，新闻行业的新人也需要更多的资助机会。当新人有了机会之后，在一个又一个的新闻众筹项目中，自然会提高个人的撰文能力。

一本名叫《社交红利》的书

2013 年，8 月 9 日，在即将下班的时候，众筹网给磨铁黑天鹅图书部门发来了通知：他们在众筹上发起了一本名叫《社交红利》的书，已经完成了计划中的募集工作，筹得 10 万元的预售金额。此时，距离项目启动，正好两个星期。

简单计算一下：这本书的预售价格是 30 元一本，相当于还没开印就提前售出了 3300 多本新书。即使是在电商网站预售，这个数字也是相当可观的。值得一提的是，这个效应并没有因为募集的完成而终结，黑天鹅电商网站的预售工作也在同期受益颇多。

在金融领域，互联网金融是一个非常火热的话题。通过众筹网，网友们可以发布梦想、创意和创业计划，并通过网络平台面对公众集资，让有创造力的人获得他们所需要的资金，实现他们的梦想。其实，这个行业与出版并没有必然的关联，黑天鹅图书与之合作也是出于一次偶然，主要得益于一本新书的策划。

2013 年 5 月，李开复向黑天鹅图书推荐了一部书稿——腾讯内部员工撰写的《社交红利》。在这部书稿中，对当下微信、微博火爆的原因做了详细的分析。拿到这本书后，黑天鹅图书就意识到了书稿的价值。

在国内，腾讯是当之无愧的社交之王，只有腾讯人才能透彻清晰地说明白这些现象和背后的关键，可是令人感到惋惜的是，在过去腾讯员工并没有编写过这样的大作。这本书没有拘泥于简单的道理，而是站在了创业人群的角度，用大量的案例、数据阐述了如何才能利用好这些大平台。

微博营销、微信营销已经大行其道，图书销售为什么不能参考借鉴这些新的模式？《社交红利》将在微博和微信中的推广传播总结为一句话“让信息流动在关系链中”，其本质依然是鼓励发起用户们的讨论、主动传播。

针对《社交红利》这本书来说，黑天鹅图书借助众筹网这个平台，邀请读者参加，让读者获得了一种全新、独特、参与感强的阅读新体验。购书者也可以根据自己的意愿进行多样式体验，获得图书、作者签名、纪念品和参加作者读书会、签售会的机会。

新浪微博的一位高层推荐了众筹模式。推荐理由是众筹的核心是大家一起投资来支持一个项目：大家对某一个项目和发起人的信任，会给予支持；成为支持人后，为了推动项目获得更大的成功，参与者会变成一个新的传播源头，推动项目更快速地前进。

这个建议立刻便得到了黑天鹅图书的响应，并与众筹网一拍即合。7月26日23：56分，众筹网正式挂出了页面，向网友推荐了《社交红利》这本新书。一个小时后，便有5名用户下单支持了7本新书，共募集了210元。

看到这个结果，众筹网和黑天鹅图书都感到非常惊讶！按照以往来说，周末和凌晨是互联网流量最为低潮的两个时间段，可是这本书却能以这样的速度获得认可，显然有些不可思议。此后，书的预售募集在众筹网诸多项目中遥遥领先。

在这个过程中，众筹网多次增加了回报的形式。比如，众筹设定了十多次和作者一起喝下午茶畅谈交流的机会，这些名额被迅速订完。同时，在《社交红利》开始募集之后，平均每位参与用户购买了6本新书，这个平均数缓慢上升，最后达到了平均每人15本。两周以后，黑天鹅图书接到了通知，原本预计用两个月完成的募集项目，短期内已迅速完成。

黑天鹅图书通过观察发现，通常图书公司、出版社所面对的营销对象，一般都是喜爱看书的人群。而《社交红利》略带专业、前瞻性，虽然在创业和互联网人群中具有巨大的影响力，但并不容易提前判断书的走势与销量，而众筹模式正好带来了巨大的帮助：将一本书丢到陌生人群中，如果能得到他们的认可，必然会直接拉动实际书籍的销量。

最终，《社交红利》于2013年8月正式出版。

《小世界：一位中国爸爸的温情与爱》

随着网友“麦草”使一把劲，《小世界：一位中国爸爸的温情与爱》这个众筹项目，在截止日期前 5 天冲过了 1 万元的终点线。

这是周华诚第一次接触和尝试众筹。在此之前，他听说过众筹，只是觉得好玩，从来都没有仔细研究过。后来，周华诚听说有个记者众筹 1000 元钱为支持者写了一篇新闻，周华诚受此启发，便点进了众筹网。

2013 年 11 月，周华诚的摄影书《小世界：温情爸爸的拍摄手记》出版。这本书主要记录了女儿出生成长的 7 年时光，得到了社会各方的肯定，数十家媒体报道推荐此书。这给了周华诚信心，接着他又写了第二本书《爸爸的小世界：最真诚的摄影指导书》，并在 2014 年上半年出版。

当周华诚接触到众筹网，看到有很多出版众筹项目时，立即想到了这一本新书。于是，周华诚也就有了人生中的第一次众筹经历。

一开始，周华诚想把目标设定在 2 万元。对他来说，书稿已经被出版社列入选题，并已经签约，不存在资金压力的问题。他之所以做这个众筹，一是试水，二是扩大宣传。这个目标额度如果设定得太低，对他也没有太大意义。

但是项目经理在与他沟通时说："既然这个资金对你来说并不重要，为什么不将目标额度设得低一点，提高项目的成功率呢?"周华诚认为，对方说的也有道理，于是就把目标调整到了 1 万元。

《小世界：一位中国爸爸的温情与爱》这个项目的回报，周华诚设定了 9 元、59 元、99 元、299 元、499 元、3299 元几档。因为他知道，参与门槛低，参与人数就多。在 299 元、499 元、3299 元几档，周华诚分别设置了解答疑问、制作相片书、半天面对面拍摄等回报，使得这几个选项虽然价格高，仍然有人支持。

《小世界：一位中国爸爸的温情与爱》上线后，项目的运营、推广团队付出了很大的努力，还在几家论坛进行了推广，发了一些帖子和回帖，引导网友上众筹网来关注这个项目。

开始的时候，周华诚不准备在自己的熟人圈子里宣传。他只是想试试看，在陌生人群体里，这个项目、这本书的吸引力到底有多大。所以，周华诚仅仅在自己的小号发了一两条微博之外，并没有在朋友圈推广它。

后来，一位朋友邀请周华诚去论坛里发帖。周华诚决定发一些摄影交流帖子，跟其他人分享、交流怎么为孩子拍照片。很快，便积累了人气，为这一众筹项目吸引了一些人的关注。

这时候，周华诚意识到，众筹能否成功，发起人的作用跟众筹网站的团队同样重要。仅仅把方案扔给网站就想万事大吉，显然是不行的！

周华诚觉得，众筹是理想主义者的事业，是实现梦想的平台。众筹网的朋友们热情、投入，他们胸怀理想之光，做着一件有爱且前路宽广的事业。它会把你推到前台，推着你向前走。

单向街寻找主持人

一直以来，许知远都梦想自己有一家干净明亮的书店。三年前，当他第一次去旧金山的城市之光书店的时候，正好赶上诗歌朗诵。受此启发，许知远便联合其他 12 人筹资创办了“单向街图书馆”。

为了通过书籍、谈话、影像、思想，构建起一个小小的公共空间，给读者，尤其是年轻人提供一个相互探讨问题的平台，2006 年 1 月 1 日单向街在圆明园正式开业。三年之后，靠着丰富精彩的文化沙龙，单向街被人们所知。最开始他们举办的沙龙活动，尽管偏僻，但每场沙龙都有几十上百人参加。

从2006年成立到现在，单向街一共举办了400场沙龙，大大小小的读书会、见面会，每一次都人山人海。可是，单向街并不是以赢利为目的的，多年来不断地面临现实考验。2009年，因为营收无法应付房租，单向街遇到了第一个大坎儿：要么搬家，要么停业。

为了延续梦想，单向街于2009年10月搬迁至朝阳区蓝色港湾。而“单向街书店，寻找1000名主人”的项目，把之前颇为小众的众筹网站“点名时间”推向了前台。

> （1）单向街需要大家一起参与进来，给新的单向街提供建议。我们希望，每一个来到单向街的人，都能够找到一个自己喜欢的角落，可以在这里舒适地度过一整天。因此，请大家在支持后的留言栏里告诉我们：你眼中的单向街应该是什么样子的？我们会选择有创意的点子把它变成现实，另外，欢迎精通室内设计、平面设计、手工艺的同学一起来为单向街出谋划策，把单向街装修得更加温馨舒适，把给大家的回报做得更加精致。
>
> （2）单向街还需要一笔资金用于支付单向街的租金和装修的费用，希望大家能够支持。
>
> （3）不论你以什么形式支持单向街，你都将成为新的单向街的主人，获得一份印有你身份的名片，作为新主人的标识。
>
> 所有爱书的人，一起来成为单向街这个书店梦想的主人吧！

从2012年6月20日开始，这家人文气息浓厚的书店，在点名时间募资。本来单向街计划的筹资时间与规模是8月19日之前筹10万元，结果一夜之间，就轻松突破了10万元。

《清华金融评论》试水众筹

杂志《清华金融评论》用众筹预售的方式发行，是国内杂志首次试水众筹模式。就连财经专业期刊都能众筹，这也意味着任何生活中有创意的点子都可以通过众筹模式进行接地气的商业化运作。

2013 年 12 月 17 日，《清华金融评论》举行了众筹项目发布会，为了了解潜在读者中杂志的需求量和对内容的需求，他们决定尝试预购模式，即 C2B（Customer to Business，用户对企业）模式。

在 17 日中午 11：30，该项目在微信平台上线，开始的时候仅有 40 多人支付了 500 多元；下午 1 点之后，关注人群迅速扩大，支付款项也迅速增加至一万多元。截至 18 日晚间，已经筹得 3 万元。

最初参与这个众筹项目的人大多数都是清华五道口金融学院的校友，但是通过微信朋友圈转发后，参与者身份外延开始扩大。人群来自全国各地，既有金融业者、财务人员，也有广告、传媒业人士。

在众筹概念诞生 7 年后，《清华金融评论》初战告捷。这本看起来高高在上的杂志，很好地和读者产生了共鸣。

第十章

纷繁解读：名家眼里的众筹

众筹

周源：知乎将有价值的信息和人都关联起来

2013 年 12 月 18 日，知乎在美团网上发起了《创业时，我们在知乎聊什么》的出版众筹计划，限额 1000 人，每人花费 99 元就可以成为图书的“联合出版人”，获得封面书皮上印有自己署名的典藏版图书。没有任何传统媒体上的预热宣传，凭借知乎在社交维度的推广，《创业时，我们在知乎聊什么》在亚马逊一经发布预售，就登上了预售榜第一。

知乎在这次活动之前并没有做太多预热，只是在“知识青年”的专栏上发了篇预告文章，没想到却引起了众多知乎粉的兴趣，一起参与到这场出版试验中。活动上线进行不到 10 分钟，1000 个众筹名额就被抢光了；众筹到的 9. 9 万元款项，全部用于第一版图书的出版。

印着个人名字的典藏版图书送到众筹人手中之后，有人在知乎感叹：“知乎卖的哪是书，这卖的分明是荣誉感和归属感。”

其实，早在 2012 年，有些知乎用户就提出了出版一本创业指导书的想法。考虑到出版的复杂性，周源没有着手做。2013 年，周源觉得，到了回馈创业者支持的时候。可是，出版毕竟不是一个互联网公司擅长的事，于是周源决定，用互联网的方式做一本书。

周源根据自己过去 5 年的创业经历，拟定了书的大体框架，包括他在创业中遇到的问题。之后，由知乎编委成员到知乎上寻找合适的回答内容，经过大致三轮较大的调整，甄选出103个创业话题。其中，约有30%的话题是由知乎向领域大牛约稿的，作为对书籍内容的补充。

对于出版方中信出版社来说，网上遴选帮他们简化了传统出版中选题论证和邀稿的过程。因为有了500万粉丝的参与，市场调研、约稿写稿在知乎上都已经基本搞定。留给出版社的就剩下后期编辑、印刷和发行等无法用互联网完成的工作。

贾樟柯：有点像众筹网的模式，只不过不是在互联网上

1993年，贾樟柯考上了北京电影学院。开始的时候，他并没有想当导演，因为他觉得自己接受了电影教育，看到了那么多电影，可能会从事电影的编剧或者评论工作。

大学第一年，贾樟柯还沉浸在看电影的喜悦之中，差不多每星期能看到两部最新的国产电影。不过，随着时间的推移，贾樟柯对电影的热情渐渐减弱了。他发现，很多电影都是塑造英雄形象的主旋律电影，跟我们的生活关系不大。就这样，贾樟柯萌生了拍电影的念头。也就是从那一刻起，贾樟柯开始了他的电影梦之旅。

对于初次尝试拍摄电影的贾樟柯来说，跟所有创业者一样，途中也遇到了数不清的酸甜苦辣。

从拍电影的第一步起，就要跟工业结合，或者说跟投资体系结合，否则很难展开工作。比如，每一步都需要花钱，可能除了写剧本之外，写完剧本你要去看景，看完景要选演员，请摄影团队租器材，整个做完

之后要做后期……每一个创作步骤全要花钱。想到这些，贾樟柯就觉得一筹莫展，不知道怎么开始这样一个工作，他只能悄悄地把拍电影的想法先放在一边。

再次产生拍电影的念头，始于1995年的一次观影。当时，他们看的是一部国产电影。看完之后大家都特别不满，觉得应该自己尝试去拍。他们几个人很快在内部形成一个机制：如果有短片剧本就写出来，大家评比一下，确定之后一起拍这个短片。

贾樟柯打算写一个短片，选择什么样的题材呢？那时，三环还没有修好，电影学院外面三环路还在完善之中。路边有很多工棚，住了很多来自农村、来自偏远地区的兄弟。贾樟柯对那些面孔特别熟悉，他觉得那些睡在三环工地的年轻朋友像自己的高中同学和表兄弟一样。他完全理解他们是从哪儿来的，为什么要来到这个城市。最后，贾樟柯便决定拍一个关于年轻人、农民工的故事。当时还没有电影来体现这个群体。

然后，贾樟柯便开始着手写这个剧本。他写得特别快，大概一星期就写完了《小山回家》这个短片。之后，其他人陆续写完，整个小组大概收到了五六个剧本，讨论之后，决定拍《小山回家》。

很快，他们便面临了人生中的第一个预算。同学们问贾樟柯："需要花多少钱，怎么做，这个钱怎么解决？"回去之后，贾樟柯跟管理系的同学形成了一个小组，形成了最初制片人跟导演的合作。然后，大家一起来做预算，按正规的电影操作，事无巨细地把全部预算做出来，算下来将近10万元。在1995年的时候，这可是一笔大数目，当时他们就傻眼了。

贾樟柯梳理了一下团队拥有的资源，就跟同学们商量，说："我们一起拍，但没有工资，甚至补贴都没有。"所有人都同意了。他们做了分工：学摄影的同学来做摄影师；学录音的同学来做录音师；学美术的来做美术指导。当大家将个人工资撇去之后，在最初的创业里面，他们只拥有两个财富：一个是自己强烈的创作欲望，另一个是年轻人之间的友情。

人员找齐之后，就该找器材了。摄影机是借用的一个同学父亲的单位的；录音器材是女录音师基本上每天去系里静坐，要把系主任烦死了，最后借出来了。

接下来就是拍摄，虽然自己不领工资，可是也得支付交通费、群众演员报酬。最后决定，大家一起来筹钱，大概2万多元，有点像众筹网的模式，只不过不是在互联网上。

其实，这笔钱按照当时的预算还是不够的，但是却可以开始了，因为钱不是一下都要付出去。他们做了现金流的安排，第一天要花多少钱，第二天花多少钱，一周拍完之后，多长时间可以不花钱……

拍摄期间出现了各种各样难题，他们也一直都在不停地募集钱。这些钱通常都来自大家平时接一些私活，比如，有的同学帮一个栏目出一个创意、有的同学帮一个广告公司做创意或者拍广告。用这样的一个模式做了很长时间，最后这个片子终于做成了。

孙宏生：众筹“认真了就会赢”

2014年5月22日下午，我国信贷协办的首届全球众筹峰会在北京国贸大酒店举行。众筹网首席运营官孙宏生在会议上致开幕词，众筹也继余额宝和第三方支付之后，成为第三波互联网金融变革的浪潮。

孙宏生说，互联网和金融看似完全独立，其实是一种深度跨界融合和创新的碰撞，产生出一种新的蓬勃发展的业态。在这波浪潮中，奖励式的众筹和股权式的众筹平台如雨后春笋般出现，直接填补了市场上直接融资的缺口，降低了很多创业企业融资的门槛和难度，带来了互联网金融重大的变革。

同时，他也认为，互联网金融面临一些挑战，如监管有待完善、创业者创新能力有待提升，同时众筹文化的建设也非短期之功。可是，孙宏生却相信众筹“认真了就会赢”。

这里我们截取部分孙宏生的致辞实录：

> 众筹是继余额宝和第三方支付之后，第三波互联网金融变革的浪潮。这次2014年首届全球众筹峰会也是志在通过邀请全球领先的众筹平台的先锋智慧，汇集这些智慧，探索我国的众筹道路，帮助我国众筹的践行者们一起探讨研究最先进的众筹实践。
>
> 互联网金融在我国已经进入发展最为迅猛的一个阶段，这也成为现在政策制定者、互联网金融的从业者，还有一些新闻传播者，也包括广大用户的一种共识。
>
> 互联网和金融看似两个完全独立，但是又是一种深度跨界融合和创新的碰撞，产生出一种蓬勃发展的新业态。众筹在这一波互联网金融浪潮中横空出世，有人讲今年（2013年）是众筹的元年。
>
> 在这波浪潮中，2013—2014年的我国，奖励式的众筹和股权式的众筹平台如雨后春笋般出现，这一点也正是符合了普惠金融的互联网融资方式。
>
> 有人认为，众筹将会成为企业直接融资的另外一种重要渠道，为企业上市融资这条路越走越难提供了另一种解决方案。但是，居安思危，众筹一方面有很美好的前景，另一方面国内众筹在发展过程中也面临着很多问题和挑战。

首先，我们要看到现行的一些金融的监管法规正处在不断完善过程中，和互联网金融发展的日新月异还有一些差距。当然，在我国创业并不容易；创业者的创新能力也有待提高；大众对众筹的融资，包括众筹文化的建设还有一段时间。我相信，众筹在未来既有挑战也很光明的前路。

……

张锐：没看到大金矿，如何能预示人类未来颠覆性的力量

如今，很多媒体人从大公司出走，独自创业，比如春雨医生的创始人张锐。张锐曾是网易副总编，跟陌陌的创始人唐岩是同事，2011 年离开网易出来创业。自春雨掌上医生的移动应用软件于 2011 年 11 月面世以来，至今已过去两个年头。张锐都做了些什么？

1. 找人

在张锐看来，刚开始创业的时候，找人是最重要的。如果单枪匹马地闯荡江湖，死亡概率一定很高，这个时候你需要合伙人。

张锐不喜欢电影《中国合伙人》的最后结局，在他看来“找合伙人比找老公找媳妇都难”。他把合伙人的关系看作背靠背的关系。“你得相信他，你得信任他，你得把后背交给他，后面的敌人他管。他相信你，知道他的后背在你这个人身上，能处理好关系。”

合伙人怎么找？如何挑合伙人？首先，要进行严酷的自我反思，得

明白你真正最差的地方在哪儿。张锐觉得，自己的优点是创造力比较强，缺点是不靠谱。不靠谱的地方体现在两点：一是他对细节不够敏感，二是对执行上面操作的流程不够敏感。这两点非常致命。所以，张锐决定要找人来帮助自己。

2. 找钱

第一个解决方法是自己掏钱，这是非常重要的一件事。在保证自己生活的情况下，应该拿自己的钱来创业。如果你敢拿自己的钱创业，就是在告诉投资人，你在赌，你把自己搭进去了，是真心实意要把创业这件事做好。

第二个是关于找天使投资人的问题。春雨没有找天使投资人的状态，因为张锐自己有一点积蓄，能把这个东西做出来。

还有一点是股份问题。张锐认为："当你天使轮非常缺钱的时候，勒紧一下裤腰带，争取在有产品时再谈。如果你有产品了，把你的产品发出去，挂上线再谈天使，那是不一样的，给的钱和拿的股份是不一样的，你会划算很多。"

天使投资人最看重的是什么东西？他们最看重的是一个创业公司的素质。天使一般会在两个阶段找到你，包括你在这个行业里面有一定知名度时，但一般产品初具规模的时候就会有天使来找你。在天使这一轮主要投的是什么？投人是非常重要的环节。其实，投产品的创意、方向基本上都靠人，在人、产品、方向当中，人是最重要的。第二个看你的产品方向和他所熟悉的领域，他自己理解能不能够到位。

3. 找方向

刚开始张锐并没有想明白自己究竟要做什么，于是便转变思维，用排除法看自己不能做什么。

第一，坚决不做社交。为什么？社交产品里会碰到两个非常大的互联网公司：腾讯和新浪微博。社交产品很容易做，但要想做起来，运营需要比较大的财力。

第二，不做手游。为什么？游戏公司里面，有几个能成功？游戏是能够挣钱，也是现在移动互联网里唯一一个系统化的、能够规律挣钱的一类，但是其死亡率也比较高。

第三，不做工具，如滤镜、相机增强、浏览器等。现在手机里面很多都是这些工具，觉得原生的相机不好，就会做一个“camera360”（相机 360）；日历，还有“360 日历”。

社交类、游戏类、工具类都不做，还能做什么？只有两个领域可以选择：一个是医疗，另一个就是教育。想到美国的互联网医疗做得很热闹，我国还没有人搞，于是他便决定做医疗。

找人、找钱、找方向，不是创业阶段的功课，而是创业过程中一直要做的功课。所以，张锐永远都在找人、找钱、找方向！

徐志斌：推广自己的核心产品与价值，以新的方式实现赢利

徐志斌出身媒体，文字功夫深厚，如今是开放平台总监。在互联网摸爬滚打了多年，他对其认识深刻，《社交红利》一出版，便受到了业内人士的推荐。这里选取其讲座中令人印象最深刻的三点，与大家分享。

1. 分享、连接、建造

今天，互联网已经将我们的生活彻底碎片化，它不是撕裂，犹如弥漫在空气中的粉尘。移动和社交是最大的两股力量，使我们进入了前所未有的领域。

2009 年，在研究国外互联网数据时，我们发现，直接访问和搜索引擎带来的网站访问量在剧烈减少，而来自社交网站的流量在大幅增加，腾讯网的流量也出现了类似的趋势。后来经过仔细的内部讨论，我们得出结论：分享必然会成为互联网的新主流。人们会根据自己的兴趣来分享内容，通过社交关系进行传播，这将成为最重要也是最普遍的方式。

2013 年，门户和许多网站面临着很多困难，其实这仅仅是这一现象的外显，所有的一切才刚刚开始。经过了分享阶段，互联网迎来了彼此连接的新时代。互联网的便捷顺畅，让个体间以前所未有的效率进行交流和连接，当人们基于兴趣爱好建立起的社群越来越多时，商业的玩法也会发生阶段变化，大组织面临着分崩离析的危险。

2. 信任、信心、信息扩散

在前互联网时代，由于地理、交通、环境等各种限制，人们的信任只能出现在熟人之间。进入互联网时代，不论是分享、连接，还是社交网络中的互动和点赞，人们建立起了一种前所未有的信任关系，这种信任关系催生出了对彼此的信心；信息开始沿着人类的信任链条进行急速扩散，而不再通过旧有的大众传播方式。

这就是传统媒体面临的最大挑战，要想成功实现转型，传统媒体不仅要更加开放地和各渠道进行对接，推广自己的核心产品与价值；还要以创新的新方式实现赢利。

3. 一根针刺穿到底

互联网逻辑和工业时代的逻辑完全不同，因此传统行业正面临极大挑战。许多人都在疑惑：怎样才能建立新商业模式？互联网时代的生存法则，是找准一个细分领域，选定用户最需要的点进行深挖；只有将一根针刺穿到底，才能开创一片新天地。

如今，流行的互联网产品在不断更替，但在这些琳琅满目的产品背后，人类的本质需求并没有多大改变。过去的互联网世界中，美女是第一生产力，她推动着大众进行浏览、八卦和互动等行为，而如今自恋和炫耀成为第一大生产力。不论是在微博，还是在微信，你都能看到由这些需求衍生的行为。

这些需求来自人性的核心，归根结底，微信并没有创造出新的需求，只是更好地满足了人类的需要，让这一切都成为“一种生活方式”。

滕泰：十八届三中全会后的经济大环境与资产配置

2013年10月26日，国务院发展研究中心首次向社会公开了十八届三中全会提交的改革方案，简称为“383方案”。这一方案出台，是否能够真正地代表中央的改革路线呢？怎么看过去的十年？

滕泰认为，用经济学专业的语言来看，过去十年的经济政策大多数都是偏重于总需求的调控，未来十年要更多地从解放供给、供给方面去调节。主要体现在以下两个方面。

1. 经济增长大环境

按照总需求的框架，经济增长就是三驾马车：消费、需求、进出口。当经济下来的时候，它就踩油门，找刺激；通胀上去的时候，它就踩刹车，又开始折腾。在过去十年里，我们搞了太多轮的踩油门和踩刹车；在过去十年里，总需求管理让我国的列车开得不太平稳，而且还有一些历史遗留问题。比如，每一次踩完油门以后，都会造成大量的产能过剩；而一脚刹车踩下去的时候，大量的中小企业就会倒闭、高利贷泛滥、股市暴跌，这是总需求管理造成的一些不良隐患。

2. 资产配置问题

上届十年的政策偏重于需求调控，比如房价。如果想调控房价，一种方法是增加有效供给，另一种方法就是不让大家买，抑制需求。在过去十年里，所有的着力点都在抑制需求上，如限购、限贷等，结果没有效果。再如物价，在过去十年里我国的物价上涨，不能说跟货币没关系，但是更多的是因为农产品周期性的波动造成的。

猪肉便宜的时候 10 元一千克，贵的时候 20 元一千克；粮食的价格、蔬菜的价格，都是推动物价的主要因素。其实，猪肉、粮食、蔬菜跟货币没有太大的关系，是因为季节性的波动造成的价格扰动。另外，还有土地成本、原材料成本、人工成本上涨的原因。连续十年来每年工人工资涨百分之十几；还有一些流通成本的原因，比如，地头菜在生产上是 1 角一斤，跑到北京就变成 1 元一斤。由于流通成本的上涨，原材料成本的上涨，还有农产品的季节性的波动造成的物价上涨，你去管需求，怎么管得住呢？需求是刚性的。

无论是物价的管理、房价的管理，还是经济增长和通胀的管理，通过十年的变化已然走到死胡同了，再去踩油门已经不行了。

凯恩斯主义总需求管理说，我国经济长期没前景了。其实不是！未来应该从供给方面做出调控，如此所有的问题才会豁然开朗。比如，在物价上涨和经济增速下滑出现矛盾的时候，增加有效供给既可以平抑物价又可以实现经济提速；反之，如果从供给角度去改革，就大规模减税，降低融资成本。如果我国企业的税赋能够从40%降到像欧美一样的26%，生产力定然会爆发出来。还有，放松垄断管制，比如，北京出去打不到出租车，如果放开几万辆牌照的限制，能不能打到车？

医院、学校，哪个行业存在着供给约束，哪个行业的生产力就爆发不出来。通过减税降低融资成本，减少行政审批、反垄断、增加有效供给，是我国经济长期增长的源泉。在这个过程中，随着供给的增加，物价也不会上涨。

房价怎么管？增加有效供给，大规模地推保障性住房，增加小户型的投入。不用管需求管理，供给增加了，房价自然会下来。

物价怎么管？从农产品的角度、流动成本的角度去梳理这些东西。为什么我们要提新供给主义经济学，就是因为凯恩斯主义和总需求管理。

余莹：将产品特性和对于公众的深刻解读巧妙地结合在一起

余莹，我国即客代表人物，自由撰稿人、环球旅行作者、梦想实践者。“世界上最好工作——大堡礁看护员”全球前五十候选人，我国大陆唯一入围女性。2011年，通过借宿、搭车等形式，分两次前往20余个国家及地区采访人们的梦想，并于2012年出版了第一本作品《出发，和每个人谈一次梦想》。

2011年10月10日，凤凰网与联想乐合作，携手余莹共同发起了“中国即客，乐在即刻——联想乐Phone（电话）邀世界即客共体验”的活动，余莹宣告起程。她将历时近3个月，在欧洲、美国等地展开与世界即客的对话，传递出“敢梦想、即时行动”的即客精神。

在此后三个月的时间里，余莹穿越了18个国家，只身采访到了多位重量级世界即客名人，包括放弃王室尊贵身份追寻心中天使的挪威公主玛塔·路易丝、经营全球岛屿交易一半以上的世界岛王法哈德·维拉迪、残疾人励志演讲家尼克胡哲、股神巴菲特之子彼得·巴菲特等。

虽然他们国籍不同、身份不同、行业不同，但他们都在为实现梦想而行动，都在享受“乐在即刻”的畅快。他们认为，只有真正有梦想并行动的人才是真正快乐的，也只有如此才能让这个现实的世界充满希望。

其实，对话世界即客、进行环球旅行，一直都是余莹的梦想。一直以来，她都希望摒弃“围观”的状态，因为围观不能改变任何事，于是，她决定做一次“即客”，踏上追逐梦想的征程。

在“我国即客，乐在即刻”纽约站的大型体验活动中，联想乐Phone作为活动的主角，与世界音乐即客们一同演绎了我国传统乐曲——《梁祝》。通过与国际音乐家们的完美配合，乐Phone强大的音乐功能被展现得淋漓尽致，让传统音乐迸发出了巨大的生命力。

乐Phone还吸引了许多国外友人的浓厚兴趣，纷纷试用联想乐Phone。其中，挪威著名主持人、美国先锋音乐代表DJ（电台主持人）斯普基等还特别推荐了乐Phone。其视频幽默风趣又不乏真诚，在国内发布后，得到了网友热烈的关注和追捧。

本次活动过程虽然大部分都在国外进行，但在网络媒体、平面媒体、电视媒体的全方位报道和宣传下，吸引了国内大量媒体及个人的关注和自主传播，建立了良好的市场声量和氛围，即客精神的热潮一触即发。